핵심 콕!
사회 교과서 어휘

중학교 사회 교과서 핵심 어휘 미리 보기

사회 교과서 어휘

오홍선이 글 | 김윤정 그림

그린북

중학교 공부,
겁내지 말고 교과서 필수 어휘부터
내 것으로 만들어요!

중학교 입학을 앞둔 초등학생, 또는 이제 막 학교 문턱을 밟은 중학생 여러분!
혹시 공부가 갑자기 어려워질까 봐 겁이 나나요?
실제로 중학교에서 배우는 어휘는 초등학교와 비교할 수 없을 정도로 많아요.
어휘를 알아야 문장의 의미를 알고 전체 글의 내용을 파악할 수 있지요.
공부의 기본은 바로 어휘를 잘 아는 것이에요.
이 책은 중학교 사회 교과서에 나오는 필수 어휘를 재미있는 만화와
문장 활용을 통해 익힐 수 있도록 구성했어요. 이 책과 함께 교과서 어휘를
미리 내 것으로 만들어 보아요!

이 책의 구성을 핵심만 콕 집어 알려 줄게요!

제목에는 핵심 단어가 포함되어 있어 내용을 짐작할 수 있어요.

핵심 단어가 일상에서 어떻게 쓰이는지 알 수 있어요.

어떤 핵심 단어를 배울지 알 수 있어요.

- 핵심 단어의 뜻을 알기 쉽게 풀이했어요.
- 핵심 단어를 활용한 예문을 읽으면서 문해력을 길러요.
- 보조 단어도 함께 익히면서 어휘력을 길러요.
- 사회 교과에 도움이 되는 주요 개념을 익혀요.

- 앞에서 익힌 어휘를 확인하며 내 것으로 만들어요.
- 초성 퀴즈, 단어 쓰기, 가로세로 낱말 풀이 등 다양한 문제로 구성되어 있어요.

차례

1장 지리

- 온천에서 무슨 일이? • 12
- 랜드마크에서 만나! • 16
- 떡볶이 국물은 영해 • 20
- 열대 저기압을 감지하라! • 24
- 사파리 말고 사바나 • 28
- 방으로 구호물자를 • 32
- 유목 생활을 꿈꾸며 • 36
- 방귀를 신재생 에너지로 • 40
- 인구 이동처럼 사라진 음식 • 44
- 풍화된 듯한 얼굴 • 48
- 황사도 좋은 점이? • 52
- 나라와 나라 사이의 시차 • 56
- 오아시스가 필요해 • 60

2장 경제

- 가족끼리도 신용이 중요해 • 66
- 물가를 모르고 하는 말 • 70
- 음식 독점은 그만! • 74
- 환율을 알아야 • 78
- 앞이 깜깜한 투자 • 82
- 있는 사람이 더 하는 탈세 • 86
- 환전하면 똑같아 • 90
- 고구마로 다국적 기업을? • 94
- 국민 총생산은 어려워 • 98
- 서로 돕고 돕는 공정 무역 • 102

3장 사회와 문화

- 누가 차별한다고? • 108
- 환경 문제는 실천부터 • 112
- 엄마도 파업하고 싶어! • 116
- 이산가족이 만나려면 • 120
- 문화인이 되자! • 124
- 모냥이의 정체성 • 129
- 비만인도 사회적 소수자야! • 134
- 대중문화의 아이콘이 되다 • 138
- 인도주의적인 사람이라고! • 142
- 사회적 지위가 뭐라고 • 146
- 기계로 취급받는 인간 소외 • 150
- 노동법을 지키자! • 154

4장 정치와 법

- 뇌물 없이 민주 선거로 • 160
- 전용기 타는 대통령 • 164
- 인권 침해는 못 참아! • 168
- 성차별 발언은 그만! • 172
- 살인마의 항소 • 176
- 원고와 피고로 만난 이웃 • 180
- 역사 왜곡을 바로잡자! • 184
- 재판관의 만장일치 • 188
- 국제법이냐, 국내법이냐 • 192
- 정상 회담은 누가? • 196
- 민주주의를 따르라! • 200

어휘력 체크 해답 • 204

등장 인물

엄마
아이들을 매우 사랑하지만 혼을 낼 때는 가차 없는 불같은 성격. 사회와 환경에 관심이 많으며 쇼핑을 좋아한다.

아빠
다방면에 상식이 풍부하며 아이들과 대화를 많이 하려고 노력한다. 설명하는 걸 좋아해서 말이 많은 편.

유빈
주도적이며 똑 부러지는 성격. 동생 원우보다 고양이 모냥이가 더 똑똑하다고 여긴다. 아빠를 닮아 상식이 풍부하지만 가끔 허당일 때도 있다.

원우
성적 때문에 자주 혼나지만 다음 날이면 까먹는다. 하고 싶은 것도 먹고 싶은 것도 호기심도 많다. 절친 이준, 석희와 늘 함께 다닌다.

이준
원우의 절친. 수학과 과학을 잘하고 가끔 잘난 체하기도 하지만 오히려 당하는 쪽이다. 공부도 열심히, 놀기도 열심히 하는 만능.

석희
원우의 절친. 공부보다는 노는 것과 먹는 걸 좋아하며 성격은 순하고 걱정이 없다. 원우와 이준이가 다툴 때마다 실속을 차리는 건 석희이다.

모냥이
고양이가 인간보다 똑똑하다고 생각하는 자기애가 강한 고양이. 모냥이를 인정하는 유일한 사람이 유빈, 모냥이를 가장 무시하는 사람은 원우이다.

도심	화석 연료
온천	천연가스
백두대간	태양광 발전
해양심층수	신재생 에너지
홍수	수도권
집중 호우	위성 도시
유수지	인구 이동
랜드마크	인구 공동화
영토	풍화
영해	침식
배타적 경제 수역	극야 현상
열대 저기압	백야 현상
산성비	황사
화산	사막화
열대 우림	평균 수명
사바나	내비게이션
사파리	본초 자오선
인구 밀도	시차
구호물자	경도
난민	연교차
시베리아	지중해성 기후
성비 불균형	수목 농업
유목	오아시스
염장	
한대 기후	
툰드라	

지리

온천에서 무슨 일이?

핵심 단어: 도심, 온천, 백두대간, 해양심층수

도심

도시의 중심부로 가장 번창한 곳이에요. 관공서나 회사, 은행 등이 모여 있어요.

<u>도심</u>에 구렁이가 출몰하여 놀이터에서 놀던 시민들이 혼비백산해 큰 소란이 일어났습니다.

출몰 어떤 현상이나 대상이 나타났다가 사라졌다가 함.
혼비백산 혼이 어지럽게 흩어진다는 말로, 몹시 놀랐을 때 쓰는 말.

온천

땅속에 있는 지하수가 땅의 열 때문에 데워져서 솟아 나오는 샘이에요. 우리나라에서는 물의 온도가 25℃ 이상이면 온천이라고 정하고 있어요. 온천에는 광물 성분이 포함되어 피부 질환 등에 효과가 있어요. 온천물로 목욕을 할 수 있도록 여러 시설을 갖춘 장소도 온천이라고 부르지요.

도심 속 힐링 공간, 스카이 <u>온천</u> 재개장!

힐링 정신적·신체적으로 치유되거나 치료되는 것.
재개장 사정으로 영업을 중단하였던 곳이 다시 문을 엶.

백두대간

백두산에서 지리산으로 이르는 산줄기로 길이는 약 1470km 정도예요. 금강산, 설악산, 태백산, 덕유산 등이 속하지요. 백두대간은 동쪽 해안선을 따라 이어지며 지역의 경계가 되기도 해요.

> 한반도의 등줄기 **백두대간**이 훼손되어 조사와 복원이 필요합니다.

훼손 헐거나 깨뜨려서 못 쓰게 만듦.
복원 원래대로 되돌려 놓음.

해양심층수

햇빛이 닿지 않는 수심 200m 아래에 있는 물이에요. 물의 온도는 2~5℃ 정도로 유지되어 있고, 미네랄 성분이 풍부하답니다.

> 촉촉 화장품은 **해양심층수**가 포함되어 보습 효과가 뛰어납니다!

수심 강이나 호수, 바다의 깊이.
보습 피부 등에 수분을 오랫동안 보존하도록 함.

미네랄 미네랄의 다른 이름은 무기질이에요. 무기질은 탄수화물, 지방, 단백질, 비타민과 함께 5대 영양소로 꼽지요. 우리 몸에 꼭 필요한 광물성 영양소로 조류, 생선 등에서 얻을 수 있어요.

어휘력 체크

초성을 보고 문장에 들어갈 알맞은 단어를 써 보세요.

㉠ ⬚ㅂ⬚ ⬚ㄷ⬚ ⬚ㄷ⬚ ⬚ㄱ⬚ 의 시작, 백두산에 있어야 할 호랑이가 ㉡ ⬚ㄷ⬚ ⬚ㅅ⬚ 번화가에 출몰!

기후 변화로 백두산에 강추위가 계속되자 먹이를 구하지 못한 호랑이가 사람들이 붐비는 ㉡ ⬚ㄷ⬚ ⬚ㅅ⬚ 까지 내려온 것으로 보입니다.

물이 다르다! 백살장수온천

백살장수온천의 자랑, 수심 200m 아래에서 길어 올린 ㉢ ⬚ㅎ⬚ ⬚ㅇ⬚ ⬚ㅅ⬚ ⬚ㅊ⬚ ⬚ㅅ⬚ .
㉣ ⬚ㅁ⬚ ⬚ㄴ⬚ ⬚ㄹ⬚ 성분이 풍부합니다.
빌딩 숲 사이 ㉡ ⬚ㄷ⬚ ⬚ㅅ⬚ 의 힐링 공간!

정답　㉠ _____　㉡ _____

　　　　㉢ _____　㉣ _____

랜드마크에서 만나!

| 핵심 단어 | 홍수 | 집중 호우 | 유수지 | 랜드마크 |

홍수

비가 많이 와서 강이나 하천에 물이 불어나는 것을 말해요. 사람이나 정보, 물건 들이 많이 쏟아져 나올 때에도 비유적으로 쓰지요.

'홍수알리미'는 실시간 강수량, 하천 수위 등을 통해 홍수 정보를 제공합니다.

강수량 비나 눈 등으로 일정 기간 동안 특정 지역에 내린 물의 총량.
수위 강이나 바다, 호수 등의 물의 높이.

집중 호우

줄기차게 내리는 많은 비를 '호우'라고 하는데, 집중 호우는 비교적 좁은 지역에 집중적으로 비가 내리는 걸 말해요. 일반적으로 한 시간에 30mm 이상, 하루 80mm 이상 비가 내릴 때 집중 호우라고 부르지요.

중부 지방은 집중 호우로 도로가 통제되어 퇴근길 혼잡이 예상됩니다.

중부 지방 어느 지역의 가운데에 해당하는 지방. 우리나라의 경우 황해도, 경기도, 강원도, 충청도가 해당된다.
혼잡 여럿이 한곳에 뒤섞여서 혼란하고 어수선함.

유수지

갑자기 강물이 불어나 홍수가 나는 것을 막기 위해 자연적으로 생기거나 일부러 만든 저수지예요. 지대가 낮은 곳에 유수지를 두면 물을 가두어 범람을 막을 수 있어요.

> 구청장 후보자는 '한강 유수지에 주민을 위한 다목적 체육공원을 만들겠다'는 공약을 내걸었다.

범람 많은 물이 흘러넘침.
다목적 여러 가지 목적. 물건, 건물 등이 하나 이상의 용도로 다양하게 쓰일 때 다목적이라고 한다.

랜드마크

어떤 지역을 대표하는 장소나 건물을 말해요. 대표적인 랜드마크로는 파리의 에펠탑, 뉴욕의 자유의 여신상 등이 있지요.

> 초고층 빌딩 사이를 잇는 구름다리는 도시의 랜드마크가 되었습니다.

초고층 층수가 아주 많은 높은 건물.
구름다리 공중에 걸쳐 놓은 다리로, 계곡이나 도로, 건물 사이를 건너기 위해 설치한다.

초성을 보고 문장에 들어갈 알맞은 단어를 써 보세요.

비어 있던 한강 ㉠ ㅇ ㅅ ㅈ 에 아트센터 건립

강물이 불어나 ㉡ ㅎ ㅅ 가 나는 것을 막기 위해 1970년대 만들었던 ㉠ ㅇ ㅅ ㅈ 가 하수도 정비로 용도를 잃자 그곳에 예술과 문화를 즐길 수 있는 마을 아트센터를 설립하기로 했다. 시공사는 아트센터가 마을을 대표하는 ㉢ ㄹ ㄷ ㅁ ㅋ 가 될 것임을 장담하고 있다.

㉣ ㅈ ㅈ ㅎ ㅁ 에도 젖지 않는 '다막아 비옷'

갑자기 세찬 비가 내려도 걱정 없습니다!
㉡ ㅎ ㅅ 가 나도 물난리가 나도
뽀송뽀송 몸을 지켜 줍니다!

자매품 철벽장화

정답 ㉠ _____   ㉡ _____

　　　　㉢ _____   ㉣ _____

영토

나라의 통치권이 미치는 땅의 범위를 말해요. 영토는 오늘날 국제법으로 범위가 정해져 있어요.

고구려 광개토 대왕의 가장 큰 업적은 **영토** 확장이다.

국제법 국가 간의 협의를 통해 권리와 의무를 정한 법.
광개토 대왕 고구려 19대 왕으로 남북으로 대규모의 영토를 확장해 고구려의 전성기를 이루었다.

영해

나라의 통치권이 미치는 바다의 범위를 말해요. 국제법은 영토 주변의 12해리까지를 영해로 정했어요. 1해리는 약 1.8km에 해당하므로 12해리는 약 22km예요.

"속보입니다. 우리 **영해**를 침범한 중국 어선 1척을 나포했습니다."

속보 빠르게 알리는 것.
나포 사람, 배, 비행기 등을 붙잡음.

배타적 경제 수역

자국의 영토에서 200해리 안에 있는 바다를 말해요. 각 나라는 배타적 경제 수역 범위 안의 어업 및 광물 자원 따위에 대한 모든 경제적 권리를 행사할 수 있어요. 또한 해양 환경 보호를 위해 활동할 권한도 있답니다.

배타적 경제 수역 내 어업 중이던 일본 어선이 고장으로 표류.

어업 바다에서 수산물을 잡거나 길러 이득을 얻는 활동.
표류 방향을 잃고 물 위에 떠서 정처 없이 흘러가는 것.

 **우리나라의 배타적 경제 수역**

우리나라는 일본, 중국과 비교적 가까워 배타적 경제 수역이 겹쳐요. 배타적 경제 수역 안에서는 다른 나라의 배가 자유롭게 다닐 수 있지만 허락 없이 물고기를 잡거나 광물 자원을 개발할 수는 없어요. 우리나라는 국가 간의 합의를 통해 경제 수역(35해리)을 정하고 나머지 부분을 중간 수역으로 두고 있어요. 독도는 중간 수역에 해당하는데, 일본은 더 많은 해양 자원을 차지하기 위해 독도를 일본 땅이라고 주장하고 있지요.

어휘력 체크

뜻풀이에 알맞은 단어를 쓰고 선으로 이어 보세요.

㉠ 사람, 배, 비행기 등을 붙잡음

㉡ 방향을 잃고 물 위에 떠서 정처 없이 흘러가는 것

㉢ 나라의 통치권이 미치는 바다의 범위

㉣ 고구려의 전성기를 이끈 고구려 19대 왕

ㄱ   ㄴ   ㄷ   ㄹ

영해   표류   광개토 대왕   나포

열대 저기압을 감지하라!

핵심단어: 열대 저기압, 산성비, 화산

열대 저기압

열대 지방의 바다에서 생기는 저기압이에요. 중심 주변에는 세찬 바람과 많은 비가 내려요. 주로 7~8월에 우리나라를 지나는 태풍도 열대 저기압이에요.

일본 남서쪽에서 **열대 저기압**이 발생해 한반도로 향하고 있습니다.

저기압 대기 중에서 같은 높이의 주위보다 기압이 낮은 영역. 상승 기류가 생겨서 비가 내릴 가능성이 많다. 저기압은 발생하는 지역에 따라서 열대 저기압과 온대 저기압으로 나눈다.

산성비

대기 오염으로 인하여 황산, 질산 등 강한 산성을 띠고 내리는 비예요. 산성비는 땅의 식물과 바다의 미생물을 죽게 만들 뿐 아니라 사람이나 동물에게도 안 좋은 영향을 주지요.

산성비가 탈모를 일으키는 건 아니라는 연구 결과가 나왔습니다.

대기 오염 미세먼지, 황사, 이산화 탄소, 오존 등 인위적으로 발생한 오염 물질 때문에 공기가 오염된 것.
황산 강한 산성으로 금속도 녹일 수 있는 물질. 여러 가지 약품을 만드는 기초 원료로 쓴다.

화산

지각 아래에 있는 마그마나 가스가 지각의 약한 부분을 뚫고 분출되는 것이에요. 화산이 폭발하면 화산재가 날리고 용암이 흘러나와 주변 지역에 큰 피해를 주지요.

> 백두산 화산 폭발을 다룬 영화, 초호화 캐스팅!

마그마 지구 내부의 열 때문에 암석이 녹아 액체 상태가 된 것.
분출 액체나 기체 상태의 물질이 한꺼번에 솟구쳐 나오는 현상.

화산과 관련된 용어

주상절리

용암이 급하게 식으면 암석 사이에 틈이 생기는데, 이 틈이 풍화 작용 등으로 점점 벌어진 것이 절리예요. 주상절리는 절리가 오각형 또는 육각형 모양인 것을 말해요.

용암 동굴

용암이 지표면을 따라 흐르면 표면이 먼저 식어서 굳고, 내부의 용암은 여전히 흘러요. 용암 동굴은 굳은 표면을 내부의 용암이 뚫고 빠져 나갈 때 생기는 동굴이에요.

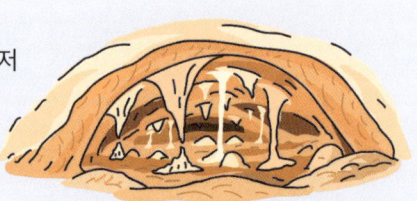

기생화산

화산의 기슭에 생긴 작은 분화구예요. 한라산 주변에는 약 370개의 기생화산이 있어요.

어휘력 체크

가로세로 뜻풀이를 보고 빈칸에 알맞은 단어를 써 보세요.

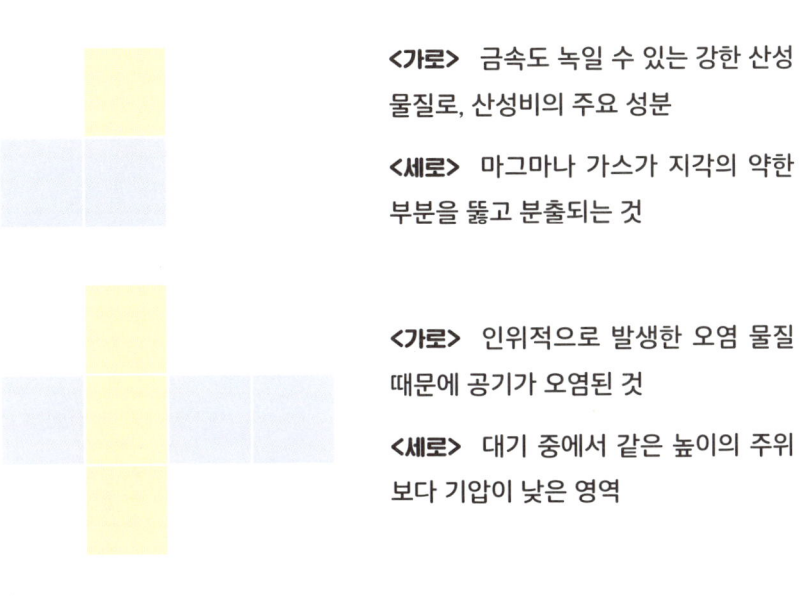

<가로> 금속도 녹일 수 있는 강한 산성 물질로, 산성비의 주요 성분

<세로> 마그마나 가스가 지각의 약한 부분을 뚫고 분출되는 것

<가로> 인위적으로 발생한 오염 물질 때문에 공기가 오염된 것

<세로> 대기 중에서 같은 높이의 주위보다 기압이 낮은 영역

문장에 들어갈 알맞은 단어를 골라 써 보세요.

절리   화산   저기압   용암   황산

제주도는 우리나라에서 가장 큰 (㉠)섬으로 대표적인 관광지예요. 제주도에서는 (㉡)이 식으면서 암석 사이에 틈이 생긴 (㉢)를 볼 수 있어요.

정답 ㉠   ㉡   ㉢

27

열대 우림

적도 근처의 열대 지방에 기온과 습도가 일 년 내내 높은 지역이에요. 강수량도 많아 활엽수, 맹그로브를 비롯한 다양한 나무들이 울창하게 자라는 곳이랍니다.

한국 수목원, 열대 우림 전시관 오픈!

활엽수 잎이 넓은 나무로 떡갈나무, 오동나무 등이 속한다.
울창 나무가 많아 빽빽하게 우거진 모습.

사바나

건기와 우기가 뚜렷한 열대 지방의 초원으로 사막과 열대 우림 중간에 있어요. 건기는 비가 내리지 않아 건조한 시기, 우기는 비가 많이 내리는 시기를 말해요. 사바나 지역은 기온이 높지만 건기가 있어 열대 우림처럼 풀이 우거지지 않아요.

상아를 얻으려는 무자비한 밀렵 때문에 사바나 코끼리가 멸종 위기종으로 지정되다!

밀렵 허가를 받지 않고 불법적으로 동물을 사냥함.
멸종 생물의 한 종류가 자연적으로 없어지거나 없앰.

사파리

지정된 야생 동물 서식지를 차를 타고 돌아보는 여행으로, 아프리카에서는 관광 상품으로 개발하고 있어요. 원래는 '여행'을 뜻하는 스와힐리어인데, 사냥감을 찾으러 다닌다는 의미도 담겨 있어요.

아프리카 **사파리** 여행 초특가 판매 개시!

초특가 '정도가 심함'을 뜻하는 '초'가 붙어 가격이 매우 싼 것을 말함.
개시 행동이나 일 등을 시작함.

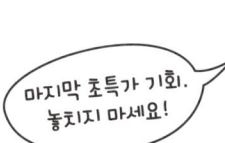

인구 밀도

일정한 지역의 단위 면적에 살고 있는 인구수의 비율을 말해요. 일반적으로 $1km^2$ 안의 인구수로 나타내지요.

서울은 우리나라에서 **인구 밀도**가 가장 높은 인구 과밀 도시입니다.

면적 평면의 넓이.
과밀 한곳에 지나치게 집중되어 있음.

어휘력 체크

표시한 설명에 맞는 단어를 음절 구슬에서 찾아 빈칸에 써 보세요.

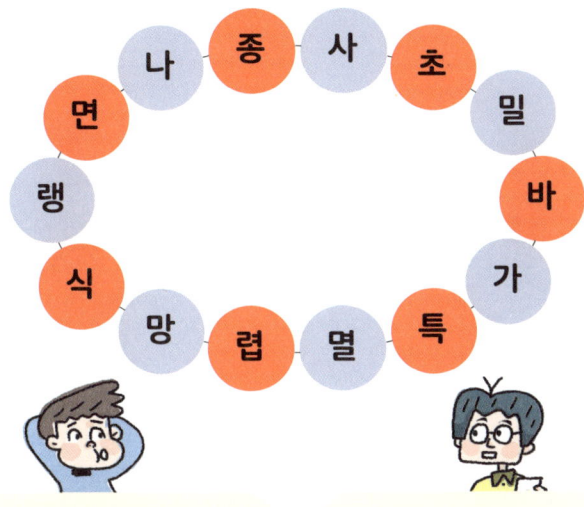

나는 대학생이 되면 **건기와 우기가 뚜렷한 열대 지방의 초원**을 꼭 여행할 거야.

ⓐ □□□

나도! 나는 거기에서만 사는 코끼리가 **자연적으로 없어지기** 전에 꼭 가서 보고 싶거든.

ⓑ □□

거기에는 **허가를 받지 않고 불법적으로 동물을 사냥하는** 사람도 있대.

ⓒ □□

비행기는 **가격이 매우 싼 것을** 알아보는 게 좋다냥!

ⓓ □□□

방으로 구호물자를

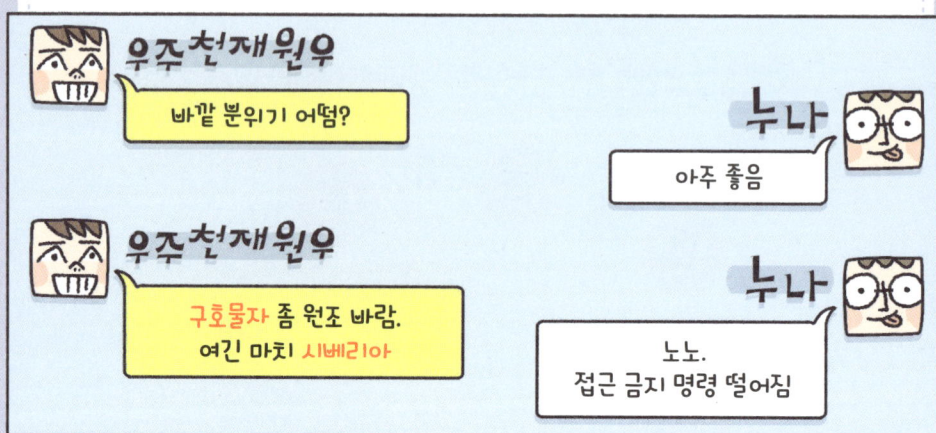

핵심단어: 구호물자, 난민, 시베리아, 성비 불균형

구호물자

재해나 재난으로 인해 어려움을 겪는 사람들을 돕기 위해 제공하는 물건이에요. 주로 식량이나 생필품을 구호물자로 많이 보내지요.

지진으로 삶의 터전을 잃은 이재민들에게 **구호물자**를 보냅시다!

생필품 일상생활에서 꼭 필요한 물건으로 휴지를 비롯한 위생용품과 가정용품을 말한다.
이재민 재해를 입은 사람.

난민

자연재해나 전쟁 등으로 어려움을 겪는 사람들을 말해요. 오늘날에는 종교나 사상 등으로 박해를 받거나 전쟁을 피해 다른 나라로 탈출하는 난민들이 늘고 있어요.

예멘 **난민** 500여 명이 대거 난민 신청을 하자 찬성 의견과 반대 의견이 나뉘었습니다.

박해 못살게 해서 해롭게 함.
대거 한꺼번에 많이. 대거 참여, 대거 투입 등으로 쓴다.

시베리아

러시아의 우랄 산맥에서 태평양 연안에 이르는 북아시아 지역으로 아주 추운 기후를 보여요. 농업은 불가능하지만 석탄, 철, 천연가스 등 지하자원이 풍부하답니다. 시베리아를 횡단하는 철도가 유명해요.

시베리아 횡단 열차 여행 상품에 젊은 여행객들의 문의 쇄도!

횡단 동서 방향으로 가로질러 건너감.
쇄도 전화나 주문 등이 한꺼번에 몰려듦. 어떤 곳을 향해 세차게 달려들 때도 쓴다.

성비 불균형

여성 100명에 대한 남성의 수를 '성비'라고 해요. 성비 불균형은 남성과 여성이 비율이 차이가 나는 것을 말해요. 우리나라는 과거 남아 선호 사상으로 남성의 비율이 높았지만 점점 균형을 이루고 있어요.

성비 불균형으로 신부를 구하지 못한 중국 남성, 3000만 명이 넘다!

남아 선호 사상 남자아이를 선호하는 경향을 말함. 과거 농경 사회에서는 노동력이 필요하여 여성보다 남성을 선호했다.

어휘력 체크

초성을 보고 문장에 들어갈 알맞은 단어를 써 보세요.

**전염병으로 고통받는 아프리카에
긴급 ㉠ ㄱ ㅎ ㅁ ㅈ 배송**

병원 부족으로 전염병의 확산이 심각한 아프리카 지역에 방역용품과 생활용품 등의 ㉠ ㄱ ㅎ ㅁ ㅈ 를 지원하고 있다.

해당 지역에서는 전염병을 피해 국경을 넘는 ㉡ ㄴ ㅁ 의 수도 증가하고 있습니다.

**주요 30대 기업, 직원 100명 중 여성은 20명!
남녀 ㉢ ㅅ ㅂ ㅂ ㄱ ㅎ 해소를
위한 세미나 개최**

선착순 100명 신청받습니다.
자세한 신청은 홈페이지를 참고해 주세요!

정답   ㉠ _____   ㉡ _____

㉢ _____

유목 생활을 꿈꾸며

핵심 단어: 유목 염장 한대 기후 툰드라

유목

일정하게 머무는 곳을 정하지 않고 물과 풀밭을 찾아 옮겨 다니면서 목축을 하는 것을 말해요. 유목 생활을 하는 사람들은 나무나 가죽을 이용해 만든 이동식 집에서 생활하지요.

> 몽골 여행 상품 출시! 게르에서 유목 생활을 체험하세요!

목축 소·말·양 따위의 가축을 기르는 일.
게르 몽골인들의 이동식 천막집.

염장

소금에 절여서 저장하는 것으로 주로 식품을 오래 저장하기 위한 저장법이에요. 한자로는 '소금 염(鹽)' 자와 '장 장(醬)' 자를 써요.

> 염장 고등어 특가 판매, 한 손에 5000원!

손 한 손으로 잡을 만한 분량을 세는 단위. 주로 고등어를 세는 단위로 고등어 한 손은 2마리를 말한다.

한대 기후

'찰 한(寒)' 자를 써서 매우 추운 기후를 말해요. 위도가 높은 지역에서 나타나지요. 가장 따뜻한 달의 평균 기온은 10℃ 이하이며, 풀과 나무는 자라지 않아요.

> 지구 온난화로 한대 기후 지역의 기온도 상승하고 있습니다.

위도 지구의 적도를 중심으로 남북으로 평행하게 그은 가로선.
지구 온난화 지구의 평균 기온이 높아지는 현상.

툰드라

북극해 연안의 넓은 벌판으로 연중 눈과 얼음에 덮여 있어요. 여름 동안 잠깐 땅이 녹았을 때 이끼류 등이 자라 초식 동물의 먹이가 되지요.

> 툰드라 지역에서 풀을 찾아 이동하는 순록 떼가 장관입니다.

연안 강이나 호수, 바다와 닿아 있는 육지.
장관 훌륭한 광경. 장관을 이루다, 장관이다 등으로 쓴다.

어휘력 체크

문장을 완성하는 알맞은 단어에 동그라미 하고 써 보세요.

최근 몇 년 동안 ㉠ 지구 온난화, 태풍 로 인해 평균 10℃ 이하의 ㉡ 한대 기후, 온대 기후 지역의 기온이 상승하고 있습니다. 연중 눈과 얼음으로 덮여 있던 ㉢ 사바나, 툰드라 지역에서도 새로운 종류의 식물들이 자라고 있다고 합니다.

정답 ㉠ _____   ㉡ _____   ㉢ _____

문장에 들어갈 알맞은 단어를 골라 써 보세요.

연안   위도   염장   장관   유목

• 북극해 (㉠)의 툰드라 지역에서는 고기를 오래 두고 먹기 위해서 (㉡)을 해서 저장합니다.
• 툰드라 지역에서 (㉢) 생활을 하는 사람들이 점차 줄어들고 있습니다.

정답 ㉠ _____   ㉡ _____   ㉢ _____

화석 연료

생물이 땅속에서 오랫동안 굳어져 오늘날 연료로 이용하는 물질이에요. 석유, 석탄 등이 있지요. 화석 연료는 대기 오염, 지구 온난화 등 환경에 나쁜 영향을 주어 대체할 만한 에너지를 찾고 있어요.

화석 연료 사용을 제한하여 **온실가스** 발생을 줄이라는 청소년들의 목소리가 높아지고 있습니다.

생물 생명이 있는 것으로 운동, 성장, 진화 등을 하는 것. 동물, 식물, 미생물로 나눌 수 있다.
온실가스 화석 연료를 연소할 때 배출되는 이산화 탄소, 메탄 등의 가스로 대기 오염을 일으킨다.

천연가스

땅속에서 천연으로 나오는 가스로 연료로 쓸 수 있어요. 석유나 석탄 등에 비해 대기 오염 물질을 덜 발생시켜요.

천연가스 발전소 건립이 주민의 반대로 어려움을 겪고 있습니다.

천연 사람의 힘을 더하지 않은 자연 상태.
발전소 전기를 만드는 시설을 갖춘 곳. 수력 발전소, 화력 발전소, 원자력 발전소 등이 있다.

태양광 발전

태양 전지를 이용하여 태양 빛을 직접 전기 에너지로 바꾸는 것을 말해요. 빛 에너지를 태양 전지에 쪼이면 전지에서 전자가 흐르면서 전기가 생산되지요.

> 가정용 **태양광 발전** 설비 지원 사업 확대!

전지 화학 반응이나 빛 등으로 전기 에너지를 발생시키는 장치. 건전지, 혹은 배터리를 말한다.
설비 필요한 것을 갖춘 시설.

전기료 걱정은 이제 끝!

신재생 에너지

환경 오염이나 훼손이 적으면서 지속적으로 재생 가능한 에너지예요. 태양 에너지, 지열 에너지, 해양 에너지, 바이오 에너지 등이 있지요.

> **신재생 에너지** 사업 지원 정책 발표로 관련 주식 폭등!

재생 낡거나 못 쓰게 된 것을 다시 쓸 수 있게 함.
폭등 물건의 값이나 주식의 가격이 갑자기 크게 오르는 것.

어휘력 체크

가로세로 뜻풀이를 보고 빈칸에 알맞은 단어를 써 보세요.

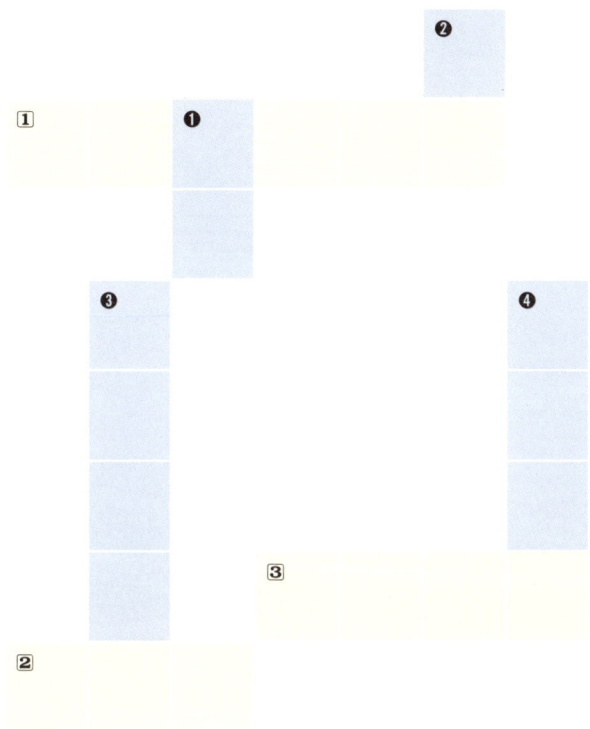

<가로> ① 환경 오염이나 훼손이 적으면서 지속적으로 재생 가능한 에너지
② 전기를 만드는 시설을 갖춘 곳. 화력 ○○○
③ 화석 연료를 연소할 때 배출되는 이산화 탄소, 메탄 등의 가스

<세로> ❶ 생명이 있는 것
❷ 화학 반응이나 빛 등으로 전기 에너지를 발생시키는 장치
❸ 태양 전지를 이용하여 태양 빛을 직접 전기 에너지로 바꾸는 것
❹ 땅속에서 천연으로 나오는 가스

인구 이동처럼 사라진 음식

핵심 단어: 수도권 | 위성 도시 | 인구 이동 | 인구 공동화

수도권

수도를 중심으로 형성된 대도시권을 말해요. 우리나라는 수도 서울과 함께 인천광역시, 경기도가 수도권에 해당해요.

수도권, 감염병 확진자 증가로 봉쇄 조치 발령!

봉쇄 봉할 봉(封), 쇠사슬 쇄(鎖) 자를 쓰며 굳게 막거나 잠금.
발령 명령을 내림.

위성 도시

대도시 주변에 있는 중소 도시예요. 행성 주위를 도는 '위성'처럼 대도시의 영향을 받는 도시이지요. 기능에 따라 위성 주택 도시, 위성 공업 도시 따위로 나눌 수 있어요.

베드타운(Bed Town)은 도심에 직장을 가진 사람들의 주거 목적으로 형성된 위성 도시입니다.

위성 행성의 인력 때문에 행성 주위를 도는 천체. 달은 지구의 위성이다.
주거 일정한 곳을 정해 머물러서 삶.

인구 이동

교육이나 경제·지리적인 이유로 한 지역에서 다른 지역으로 인구가 이동하는 현상이에요. 과거에는 농촌에서 도시로 이동하는 이촌향도가 두드러졌는데, 오늘날에는 도시 간 이동도 늘고 있어요.

> **인구 이동**이 두드러지는 지방에서 **귀촌** 지원책 속속 등장.

이촌향도 사람들이 농촌을 떠나 도시로 향하는 현상.
귀촌 시골로 돌아가는 것. 농촌으로 가는 경우는 귀농, 어촌으로 가는 경우는 귀어라고 부른다.

인구 공동화

도심에 낮에 인구가 몰렸다가 밤이 되면 인구가 줄어드는 현상이에요. 중심지가 텅 빈 모습이 도넛과 비슷해 '도넛 현상'이라고도 불러요.

> 도심 주택난으로 도시 외곽 지역에서 출퇴근하는 사람들이 많아 **인구 공동화** 현상이 더욱 뚜렷해지고 있습니다.

주택난 사람들이 거주할 수 있는 집이 모자라서 구하기 어려운 일.
외곽 바깥 테두리. 외곽 도로, 외곽 지대 등으로 쓴다.

어휘력 체크

초성을 보고 문장에 들어갈 알맞은 단어를 써 보세요.

㉠ [ㅅ][ㄷ][ㄱ] 의 높은 집값으로 집을 구하지 못한 사람들이 최근 주목받고 있는 ㉡ [ㅇ][ㅅ][ㄷ][ㅅ] 로 몰리고 있습니다.

정답 ㉠ _____   ㉡ _____

뜻풀이를 보고 알맞은 단어를 써 보세요.

㉠ 도심에 밤이 되면 인구가 줄어드는 현상

㉡ 한 지역에서 다른 지역으로 인구가 이동하는 현상

㉢ 시골로 돌아가는 것

㉣ 살 집을 구하기 어려운 현상

풍화된 듯한 얼굴

핵심단어 풍화   침식   극야 현상   백야 현상

풍화

바위나 땅, 건축물이 햇빛, 물, 공기 등에 의해 분해되는 현상이에요. 풍화는 다른 곳으로 옮겨지지 않고 한곳에서 일어나요.

> 자연적인 **풍화** 작용으로 기괴한 장관을 연출한 암석 지대 발견!

기괴 기이한 기(奇), 괴상할 괴(怪) 자를 써서 모습이나 분위기가 기이하고 괴상함을 뜻한다.
연출 어떠한 상황이나 상태를 만들어 냄.

침식

바위나 돌, 흙 등이 비, 냇물, 바람 등에 의해 깎여 나가는 현상이에요. 침식 작용은 강의 상류에서 가장 크게 일어나고 브이자곡이 생기게 하지요. 바닷가에서는 파랑으로 침식되어 해식 동굴이 생기기도 해요.

> 유명 해수욕장의 백사장 **침식**이 심각한 상황입니다!

브이자곡 V 자 모양의 골짜기.
파랑 바람에 의해 바닷물이 일렁이는 크고 작은 물결.
해식 동굴 해안의 낭떠러지 아래쪽 연한 암석이 깎여 생긴 굴.

극야 현상

높은 위도 지방이나 극지방에서 겨울철에 낮에도 해가 뜨지 않고 밤만 계속되는 상태예요. 극야 현상은 춘분부터 추분 동안 일어나지요.

극야 현상 중에 좀비와 사투를 벌이는 영화가 절찬리 상영 중입니다.

춘분과 추분 낮과 밤의 길이가 거의 같아지는 날로, 춘분은 3월에, 추분은 9월에 있다.
절찬리 많은 칭찬을 받는 가운데.

백야 현상

해가 지지 않아 밤에 어두워지지 않는 현상이에요. 높은 위도 지방에서 한여름에 볼 수 있지요. 북극 지방에서는 하지 무렵에 일어나며, 남극 지방에서는 동지 무렵에 일어나요. 6개월이나 지속되는 곳도 있어요.

백야 현상이 두드러지는 아이슬란드의 또 다른 볼거리는 온천과 폭포이다.

하지와 동지 24절기 중에서 낮이 가장 길고 밤이 짧은 날을 하지, 낮이 가장 짧고 밤이 긴 날을 동지라고 한다.

어휘력 체크

그림과 뜻풀이를 보고 빈칸에 알맞은 단어를 써 보세요.

해가 지지 않아 밤에 어두워지지 않는 현상

㉠ ☐☐☐☐

겨울철에 극지방에서 낮에도 해가 뜨지 않는 현상

㉡ ☐☐☐☐

초성을 보고 문장에 들어갈 알맞은 단어를 써 보세요.

얼음골로 유명한 청송에는 ㉠ ㅍ ㅎ 작용으로 산꼭대기의 암석 부스러기가 떨어져 쌓인 애추를 볼 수 있습니다. 청송 유네스코세계지질공원에서는 ㉠ ㅍ ㅎ , ㉡ ㅊ ㅅ , 융기 등 다양한 지질 현상의 모습을 즐길 수 있습니다.

정답 ㉠  ㉡

황사도 좋은 점이?

핵심 단어: 황사 사막화 평균 수명 내비게이션

황사

미세한 모래나 먼지가 공중에서 떠다니거나 이동하는 것이에요. 우리나라는 봄철 건조한 날씨에 중국의 모래흙이 편서풍을 타고 와서 황사가 심해지지요.

> 일주일째 **황사** 농도가 매우나쁨 상태로 외출을 자제하시기 바랍니다.

편서풍 중위도 지방에서 서쪽에서 동쪽으로 부는 바람.
농도 용액 등의 진함과 묽음 정도. 또는 어떤 물질이나 성질이 들어 있는 정도.

사막화

자연적, 인위적 요인으로 토지가 사막으로 변해 가는 현상이에요. 건조한 날씨가 계속되거나 농사를 위한 관개, 무분별한 벌채 등으로 사막화가 일어나지요.

> **사막화** 방지를 위한 나무 심기 운동이 전 세계적으로 호응을 얻고 있습니다.

관개 농사를 짓기 위해 물을 댐.
벌채 나무를 베어 냄.

나무를 심어 줘서 고마워요!

평균 수명

일정한 지역에 있는 사람들의 수명을 평균 낸 값이에요. 1년 동안 사망한 사람들의 총 나이를 사망한 사람의 수로 나누어 계산하지요.

국가 건강 검진 확대는 **평균 수명**이 늘어나는 효과가 있습니다.

건강 검진 몸의 상태를 검사하는 것.

내비게이션

목적지에 가는 지도를 보여 주거나 제한 속도, 장애물, 지름길 등을 안내하며 운전을 도와주는 장치예요.

진화하는 **내비게이션**, 상품 주문까지 가능!

제한 속도 자동차 등의 운송 수단에 정해져 있는 최저, 최고 속도. 고속도로, 어린이 보호 구역 등 특정 구간에 제한 속도를 둔다.
진화 일이나 사물 등이 점차로 발달하거나 생물이 변해 가는 현상.

어휘력 체크

초성을 보고 문장에 들어갈 알맞은 단어를 써 보세요.

기상 이변으로 가뭄, ㉠ ㅎ ㅅ 로 인한 최악의 ㉡ ㅅ ㅁ ㅎ

사하라 사막 인근 지역은 가뭄으로 ㉡ ㅅ ㅁ ㅎ 현상이 점점 확대되는 추세입니다. 거대한 모래 먼지가 발생해 유럽 지역의 ㉠ ㅎ ㅅ 피해도 심각하다고 합니다.

운전과 업무를 동시에, 미래형 ㉢ ㄴ ㅂ ㄱ ㅇ ㅅ 출시

차량에 탑재된 ㉢ ㄴ ㅂ ㄱ ㅇ ㅅ 에 AI 소프트웨어 기능이 추가되어 운전 중에 모든 업무 처리가 가능한 시대가 열렸습니다.

정답 ㉠_____ ㉡_____ ㉢_____

본초 자오선

지구의 경도를 정할 때 기준이 되는 선이에요. 영국의 그리니치 천문대를 지나는 선으로, 경도 0도이지요.

그리니치 천문대 광장에는 본초 자오선이 그려져 있어 관광지로도 인기가 높습니다.

그리니치 천문대 영국의 런던에 있는 천문대.

시차

세계 표준시를 기준으로 정한 각 지역의 시간 차이를 말해요. 시차는 경도의 차이로 생겨요. 본초 자오선을 기준으로 동쪽으로 갈수록 시간이 빨라지고 서쪽으로 갈수록 늦어지지요.

해외여행을 가면 누구나 시차 적응이 필요합니다.

표준시 각 나라나 지역에서 기준으로 정한 시각.
적응 조건이나 환경에 알맞게 맞추어지는 것.

경도

지구 위의 위치를 나타내는 세로 좌표축이에요. 본초 자오선을 기준으로 동쪽을 동경, 서쪽을 서경이라고 해요. 북극점과 남극점을 이은 가상의 세로선은 경선이라고 하지요. 우리나라는 동경 124~132도 범위 안에 있어요.

가로 좌표축은 위도라고 해요. 위도의 기준은 적도이며, 북위 또는 남위 0~90도로 표시해요.

> 동해시 동북쪽 경도 130도 지점에서 지진이 발생해 지진 해일이 우려됩니다.

지진 해일 바다 아래의 지각 변동으로 바닷물이 갑자기 육지로 넘쳐 들어오는 것. 쓰나미라고도 한다.
우려 근심하거나 걱정함.

위도와 경도

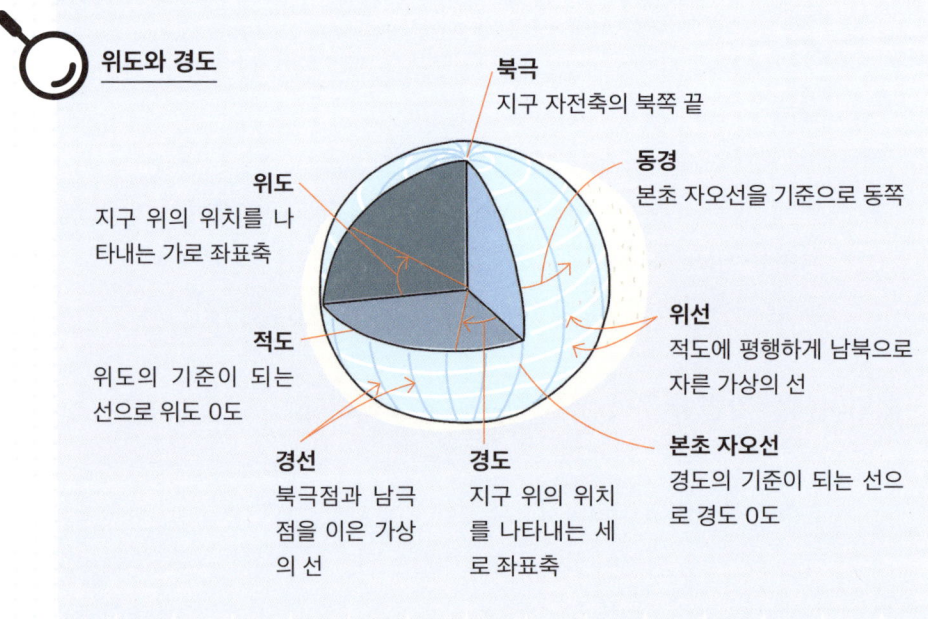

북극 지구 자전축의 북쪽 끝
동경 본초 자오선을 기준으로 동쪽
위도 지구 위의 위치를 나타내는 가로 좌표축
위선 적도에 평행하게 남북으로 자른 가상의 선
적도 위도의 기준이 되는 선으로 위도 0도
본초 자오선 경도의 기준이 되는 선으로 경도 0도
경선 북극점과 남극점을 이은 가상의 선
경도 지구 위의 위치를 나타내는 세로 좌표축

어휘력 체크

뜻풀이에 맞는 단어를 음절 상자에서 찾아 묶고 써 보세요.

본	평	동	경	현
걱	초	철	도	선
진	시	자	표	송
공	차	추	오	각
천	문	대	국	선

㉠ 북극점과 남극점을 이은 가상의 세로선

㉡ 본초 자오선을 기준으로 동쪽의 경도

㉢ 지구의 경도를 정할 때 기준이 되는 선

㉣ 세계 표준시를 기준으로 정한 각 지역의 시간 차이

㉤ 지구 위의 위치를 나타내는 세로 좌표축

㉥ 천문 현상을 관측하고 연구하는 곳. 그리니치 ○○○

연교차

1년 중에 월평균 기온이 가장 높은 달과 가장 낮은 달의 기온 차이를 말해요. 연교차는 기후의 특성을 파악할 수 있는 중요 정보가 되기도 해요.

> 지구 온난화로 올해 폭염과 한파가 나타나 연교차가 70℃ 이상이 될 것으로 예상됩니다.

폭염 매우 심한 더위.
한파 겨울철 급격하게 온도가 내려가는 현상. 한랭 기단이 위도가 낮은 지역으로 이동하면서 생긴다.

지중해성 기후

온대 기후의 한 종류로 여름은 덥고 건조하고, 겨울은 비가 많이 내리고 따뜻한 편이에요. 유럽의 지중해 연안, 미국 캘리포니아주, 남아프리카의 남단부, 칠레 중부 등이 해당되지요.

> 여행자들에게 인기가 높은 모나코는 아름다운 자연 경관과 지중해성 기후로 유명하다.

남단부 남쪽의 끝부분. 반대말은 북단부이다.
모나코 프랑스의 동남쪽에 있는 공국. 공국은 '공(公)'의 칭호를 받은 군주가 다스리던 작은 나라를 말한다.

수목 농업

건조하고 무더운 여름을 잘 견디는 나무를 재배하는 농업을 말해요. 지중해성 기후 지역에서는 포도, 올리브, 오렌지 등 잎이 작고 단단하며 나무껍질이 두꺼운 수목이 잘 자라요.

> **다년생** 나무를 길러 열매와 껍질, 수액, 뿌리 등을 <u>채취</u>하는 **수목 농업**이 인기!

다년생 2년 이상 살아 있는 식물. 여러해살이라고도 한다.
채취 풀, 나무 등을 찾아 베거나 캐어서 얻음.

오아시스

비가 거의 내리지 않는 <u>건조 기후</u> 지역인 사막에 풀과 나무가 자라는 샘을 말해요. 사막에서는 오아시스의 물로 밀과 대추야자 등을 재배하지요. 희망, <u>위안</u>이 되는 사람이나 장소를 비유적으로 말하기도 해요.

> 매일 반복되는 메마른 인생의 **오아시스**와 같은 친구!

건조 기후 강수량이 적어 매우 건조한 기후로, 대륙 중심부에서 많이 나타난다. 건조 기후는 다시 사막 기후와 초원 기후로 나뉜다.
위안 위로하여 마음을 편안하게 만드는 것.

어휘력 체크

초성을 보고 문장에 들어갈 알맞은 단어를 써 보세요.

모나코 특가 여행 상품, 서둘러 주세요!

㉠ ㅈ ㅈ ㅎ ㅅ 기후와 아름다운 자연 경관을 특가로 즐겨 보세요. 올 여름 덥고 ㉡ ㄱ ㅈ 한 ㉠ ㅈ ㅈ ㅎ ㅅ 기후를 만끽할 수 있는 아름다운 휴양지입니다.

정답 ㉠ _____ ㉡ _____

뜻풀이를 보고 알맞은 단어를 써 보세요.

㉠ 무덥고 건조한 여름을 잘 견디는 나무를 재배하는 농업

㉡ 사막에서 풀과 나무가 자라는 샘

㉢ 2년 이상 살아 있는 식물로 여러해살이라고도 함

㉣ 1년 중에 월평균 기온이 가장 높은 달과 가장 낮은 달의 기온 차이

적자
이자
신용
사채
시장
물가
자산 관리
공급
수요
독점
합리적 선택
가격
관세
환율
투자
보험
실업
실업률
소득
세금
탈세
부동산 투기
인플레이션
통화량
해외 투자
환전

흑자
법인
기술 이전
다국적 기업
국민 총생산
국내 총생산
기준 금리
재정 정책
공정 무역
공정 여행
희소성
개발 도상국

경제

가족끼리도 신용이 중요해

핵심단어: 적자 이자 신용 사채

적자

수입보다 지출이 많은 것을 말해요. 한자로 붉을 적(赤), 글자 자(字)로 적어요. 장부에 수입과 지출을 쓸 때 지출이 많은 것을 붉은색 글자로 적은 것에서 유래했지요. 적자의 반대말은 흑자예요.

> 1년간의 적자를 버티지 못하고 파산 위기를 맞은 기업들 속출!

파산 재산을 모두 잃고 망함.
속출 잇따라 계속 나옴.

이자

돈이나 물건을 일정 기간 빌려주고 받는 대가예요. 은행에서 돈을 빌릴 때는 정해진 이자를 내야 해요. 반대로 은행에 돈을 예금하면 이자를 받기도 하지요.

> 신혼부부에게 전세금 대출 이자를 지원하는 지자체가 늘고 있습니다.

대출 돈이나 물건 등을 빌리거나 빌려줌.
지자체 지방 자치 단체의 줄임말로, 특별시, 광역시, 도, 시, 구 등 정한 구역 내에서 법이 인정하는 한도의 지배권을 소유하는 단체.

신용

틀림없다고 믿는 것을 말해요. 경제 용어로는 빌린 돈이나 물건에 대한 대가를 갚을 수 있는 능력을 말해요. 신용이 있다, 없다 혹은 신용을 잃다, 신용이 떨어지다 등으로 쓰지요.

> 무리한 사업 확장으로 빚을 지고 결국 **신용** 불량자로 전락했다.

불량자 말이나 행동이 나쁜 사람. '신용 불량자'는 빌린 돈이나 카드 값을 갚지 못해 금융 거래에 제약이 있는 사람을 말한다.
전락 나쁜 상태로 떨어지거나 빠짐.

사채

개인이 진 빚을 말해요. 은행 등 금융 기관이 아니라 개인이나 돈을 빌려주는 회사에서 돈을 빌리면 이자가 높아요.

> 도박으로 **사채**에 손을 댄 A씨, 빚을 갚지 못해 결국 강도 행각!

도박 돈이나 재물을 걸고 하는 내기로 '노름'이라고도 한다.
행각 목적을 가지고 여기저기 돌아다니는 것으로 부정적인 뜻으로 쓴다.

어휘력 체크

가로세로 뜻풀이를 보고 빈칸에 알맞은 단어를 써 보세요.

<가로>
수입보다 지출이 많은 것
<세로>
지출보다 수입이 많은 것

<가로>
말이나 행동이 나쁜 사람
<세로>
돈을 빌려주고 받는 대가

문장에 들어갈 알맞은 단어를 골라 빈칸에 써 보세요.

신용   사채   도박   대출   흑자   파산

청년 사업가 박 씨는 은행 (㉠)을 받아 시작한 사업이 3년 만에 (㉡)를 내면서 승승장구했다. 하지만 (㉢)에 빠져 (㉣)에 손을 대고 결국 사업도 (㉤)했다. 박 씨는 결국 (㉥) 불량자 신세가 되고 말았다.

정답 ㉠   ㉡   ㉢
㉣   ㉤   ㉥

물가를 모르고 하는 말

시장

여러 가지 상품을 사고파는 장소로, 재화와 서비스를 사려는 사람과 팔려는 사람들이 거래하는 곳이에요. 필요한 물건을 일정한 장소에서 모여서 사고파는 것이 편리했기 때문에 시장이 만들어졌어요.

> 농산물 도매 시장은 주말 동안 주차장을 무료로 이용할 수 있다.

재화 사람들이 바라는 물건. 대가를 지불해야 하는 것은 경제재, 대가가 필요 없는 것은 자유재라고 한다.
도매 물건을 낱개가 아니라 한데 묶어서 사는 것.

물가

물건의 값을 말해요. 상품뿐만 아니라 서비스에 대해서도 평균적으로 매긴 값이지요. 물가가 오르다, 내리다 혹은 물가가 싸다, 비싸다 등으로 쓸 수 있어요.

> 물가 상승으로 얼어붙은 소비 심리에 상인들은 울상!

소비 심리 물건이나 서비스를 사고자 하는 마음.
울상 울음을 터뜨릴 것 같은 얼굴 표정.
울상이다, 울상을 짓다 등으로 쓴다.

자산 관리

자산은 개인이나 법인이 가지고 있는 경제적 가치가 있는 유형, 무형의 재산을 말해요. 자산 관리는 자산을 관리하는 일이에요.

> 만기시 연금으로 전환 가능한 개인 종합 자산 관리 계좌 등장!

만기 미리 정한 기한. 또는 기한이 다 찬 것을 말한다.
연금 일정 기간 정해진 금액을 납부하여 보장된 해부터 매년 일정 금액을 받는 제도.

자산이란?

자산은 재산과 비슷한 말이에요. 유동 자산과 고정 자산이 있어요.

유동 자산
짧은 기간 안에 현금으로 바꿀 수 있는 것이에요. 예금이나 외상, 유가 증권 혹은 상품, 원재료, 저장품 등을 말해요.

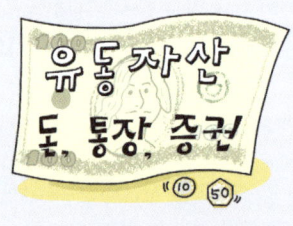

고정 자산
1년 이상 생산 활동에 쓰이며 수익을 낸 것이에요. 비교적 장기간 소유하고 사용할 수 있는 것들이지요. 토지나 공장, 기계 등이 해당돼요.

어휘력 체크

문장에 들어갈 알맞은 단어를 아래에서 골라 써 보세요.

원우의 일기

○○월 XX일 △요일

엄마는 요즘 아빠에게 용돈을 아껴 쓰라며 (㉠)에 신경을 써야 한다고 했다. 엄마는 (㉡)에 가면 물건 가격을 꼼꼼하게 비교하고, 자주 쓰는 생활용품은 (㉢)점에서 대량으로 구매한다. 뉴스에서는 (㉣)가 올라서 (㉤)가 줄어들었다는데 가만 보면 엄마는 맨날 인터넷 쇼핑으로 옷을 산다. 나도 맘껏 쇼핑하고 싶다!

시장   소비 심리   도매   물가   자산 관리

정답 ㉠ _____   ㉡ _____

㉢ _____   ㉣ _____

㉤ _____

음식 독점은 그만!

공급

요구나 필요에 따라 물건이나 노동력을 제공하는 일이에요. 생산자는 대가를 받고 팔기 위해 물건을 공급하지요. 공급자가 특정 가격에 팔려고 하는 재화나 서비스의 양은 '공급량'이라고 해요.

> 원활한 주택 공급이 이루어지지 않아 부동산 투기가 과열되고 있습니다.

원활 아무런 문제가 없이 원만함.
과열 지나치게 뜨겁거나 활기를 띠는 것. 과열 경쟁, 경기 과열, 투기 과열 등으로 쓴다.

수요

소비자가 재화나 서비스를 사려고 하는 욕구예요. 단순히 사고 싶다는 마음뿐 아니라 실제로 살 수 있는 경우에 수요라고 쓰지요.

> 인기 아이돌 한정 피규어, 엄청난 수요로 오픈 한 시간 만에 매진!

한정 수량이나 범위를 정함.
매진 준비한 수량이 모두 팔려서 남지 않은 상태.

이 피규어를 갖게 되다니!

독점

혼자 모두 차지한 것을 말해요. 경제 용어로는 개인이나 하나의 기업이 상품을 판매하는 데 경쟁 없이 시장을 독차지하는 것을 말하지요. 독점을 하면 가격이 오를 위험이 있어요.

신약 개발에 성공한 장수제약이 독점 판매 계약을 따냈습니다.

신약 새롭게 개발한 약.
계약 서로 지켜야 할 의무에 대하여 글이나 말로 정한 것.

합리적 선택

하나를 선택함으로써 포기하게 되는 가치를 기회비용이라고 해요. 합리적 선택은 기회비용이 가장 적은 선택을 하는 것을 말해요.

실손 보험, 혜택과 갱신 내용을 따져 보고 합리적 선택을 하세요!

실손 보험 환자가 실제로 쓴 의료비를 보상해 주는 보험 상품. 실손 의료 보험, 실비 보험으로도 부른다.
갱신 합의한 기간이 끝났을 때 기간을 연장함.

뜻풀이에 맞는 단어를 음절 상자에서 찾아 묶고 써 보세요.

원	갑	공	구	혼
수	활	급	체	성
요	경	복	매	독
유	갱	탈	점	진
설	신	촉	한	식

㉠ 요구나 필요에 따라 물건이나 노동력을 제공하는 일

㉡ 소비자가 재화나 서비스를 사려고 하는 욕구

㉢ 혼자 모두 차지한 것

㉣ 아무런 문제가 없이 원만함

㉤ 합의한 기간이 끝났을 때 기간을 연장하는 것

㉥ 준비한 수량이 모두 팔려서 남지 않은 상태

환율을 알아야

핵심단어: 가격 관세 환율

가격

물건이 지니고 있는 가치를 돈으로 나타낸 것이에요. 가격이 비싼 것을 고가, 가격이 낮은 것을 저가라고 말해요.

> 농수산물 전자 상거래가 활발해지며 싼 가격에 질 좋은 상품을 소비자가 직접 구매할 수 있게 되었습니다.

전자 상거래 인터넷을 이용하여 상품을 사고파는 것.
소비자 재화를 소비하는 사람.

관세

해외에서 수입하는 물건에 대하여 부과하는 세금이에요. 국내 산업을 보호하기 위해 관세를 높이거나 낮추기도 해요. 관세가 높으면 물건 값이 올라가 구매하려는 사람이 줄어들고, 관세가 낮으면 물건 값이 내려가 구매하려는 사람이 늘어날 수 있어요.

> 관세를 적게 내기 위한 위장용 상품들이 대거 적발되었습니다.

부과 세금이나 벌금 등을 매겨 내도록 함.
적발 드러나지 않은 일을 들추어냄.

환율

자국의 돈과 다른 나라의 돈을 교환하는 비율이에요. 예를 들어 1달러를 얻기 위해 우리나라 돈 1100원이 필요하다면 환율은 달러당 1100원이라고 말하지요.

> 해외여행을 떠나기 전에는 미리 **환율**을 알아보고 그 나라 돈을 준비하면 좋다.

자국 스스로 자(自) 자를 써서 자기 나라를 말함.
달러 미국의 돈. 우리나라는 원, 일본은 엔, 중국은 위안을 쓴다.

 **환율에 따라 달라지는 것**

환율은 왜 중요할까요? 수출을 할 때와 수입을 할 때를 나누어 살펴볼게요. 우리나라에서 만들어 수출하는 상품의 가격이 20달러라고 해 보아요. 1달러당 1000원인 경우는 2만 원을 받아요. 하지만 환율이 올라 1달러당 1500원이라면 같은 상품이라도 3만원을 받지요. 그래서 수출 기업은 이익을 봐요.
반대로 20달러인 상품을 수입할 때 1달러당 1000원이라면 2만 원만 내면 되지만 환율이 올라 1달러당 1500원이라면 3만 원을 내야 해요. 상품이나 원자재를 수입하는 기업은 손해를 보고 이는 물가 상승으로 이어져요.
또한 해외여행을 가기 위해 30만 원을 달러로 바꾼다고 할 때 1달러당 1000원이라면 300달러를 바꿀 수 있지만 1달러당 1500원이라면 200달러를 바꿀 수 있답니다. 그러니까 환율이 쌀 때 돈을 바꾸어 놓는 것이 좋아요.

어휘력 체크

초성을 보고 문장에 들어갈 알맞은 단어를 써 보세요.

눈물의 땡처리! ㉠ ㄱ ㄱ 파괴!

㉡ ㅎ ㅇ 하락으로 수출이 어려워지자 수출용 가전제품을 국내에서 80% 할인 ㉠ ㄱ ㄱ 으로 판매한다는 소식에 소비자들이 기뻐하고 있습니다.

정답 ㉠ _____ ㉡ _____

문장을 완성하는 알맞은 단어에 동그라미 하고 써 보세요.

- 달러 환율이 ㉠ 올라가면, 내려가면 우리나라 돈으로 바꾸었을 때 돈이 적습니다

- 관세가 ㉡ 높으면, 낮으면 물건 값이 올라 사려는 사람이 적습니다.

- 어제 1달러에 1100원이었던 것이 오늘 1200원이 되었습니다. 이때는 환율이 ㉢ 올랐다, 내렸다 고 말합니다.

정답 ㉠ _____ ㉡ _____ ㉢ _____

투자

이익을 얻기 위하여 돈을 대거나 시간이나 정성을 쏟는 일이에요. 은행의 이자보다 많은 이익을 얻기 위해 주식이나 부동산, 상품에 투자하기도 해요.

> 주식이나 코인에 <u>투자</u>하는 <u>MZ세대</u>들이 늘고 있습니다.

코인 온라인에서 거래되는 가상 화폐.
MZ세대 밀레니얼세대와 Z세대를 통틀어 칭하는 말. 온라인 환경에 익숙하고 개인의 행복과 개성을 중시하는 경향을 보인다.

보험

질병이나 사고, <u>노후</u>에 일어날 경제적 손해를 대비해 미리 돈을 모아 두었다가 사고를 당한 사람에게 일정한 금액을 주는 제도예요.

> <u>보험</u>에 가입할 때는 <u>약관</u>을 꼼꼼히 살펴야 해요!

노후 나이가 많이 들어 늙은 뒤.
약관 계약의 당사자가 미리 계약 내용을 정해 둔 것.

실업

일을 할 수 있는 능력과 의지가 있지만 일자리를 찾지 못하는 것을 말해요. 경기가 나빠지면 기업은 근로자를 줄이기 때문에 실업자가 많이 발생해요.

청년 실업을 해소하기 위한 무료 창업 교육생 모집!

경기 매매나 거래에 나타나는 경제 활동 상태. 경기가 좋다, 나쁘다 등으로 쓴다.
창업 사업 등을 처음 시작하는 것.

실업률

실업 상태에 놓인 사람들의 비율을 말해요. 실업률이 높다는 것은 실업자가 많다는 뜻이에요. 정부는 실업률을 낮추기 위해서 일자리를 늘리는 정책을 펴지요.

취업자 수의 증가로 지난해보다 실업률이 하락했습니다.

취업자 취업을 한 사람. 취업이란 직업을 얻는다는 뜻으로, 같은 말로 취직이 있다.
하락 값이나 등급 등이 떨어짐.

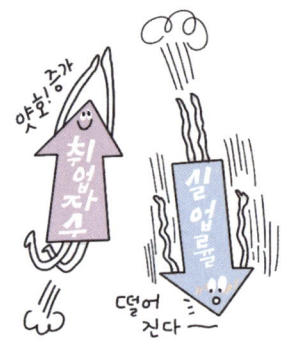

어휘력 체크

가로세로 뜻풀이를 보고 빈칸에 알맞은 단어를 써 보세요.

<가로>
일을 할 수 있는 능력과 의지가 있지만 일자리를 찾지 못하는 것
<세로>
사업 등을 처음 시작하는 것

<가로>
취업을 한 사람
<세로>
이익을 얻기 위해 돈을 대는 것

문장에 들어갈 알맞은 단어를 골라 빈칸에 써 보세요.

경기   취업자   하락   보험   투자

지난해와 달리 올해 (㉠)가 활성화되면서 (㉡)의 수도 늘고 있습니다. 우리나라 기업의 해외 (㉢)도 늘어나 경제가 더욱 성장할 것으로 전망됩니다.

정답 ㉠   ㉡   ㉢

있는 사람이 더 하는 탈세

핵심 단어: 소득 · 세금 · 탈세 · 부동산 투기

소득

일정 기간 동안 일을 하거나 자산을 운영해서 얻는 수입을 말해요. 임금이나 지대, 이자 등이 해당되지요.

> 평균 소득이 높은 직업으로는 고위 공무원, 의사, 변호사, 교수, 항공기 조종사 등이 있습니다.

지대 토지 사용자가 소유자에게 사용 대가로 지급하는 돈이나 물건.
고위 높은 위치라는 뜻으로 고위 공직자, 고위 관계자 등으로 쓴다.

세금

국가 또는 지방 자치 단체가 국민이나 주민에게 강제로 거두어들이는 돈이에요. 모든 국민은 세금을 내야 하는 납세의 의무가 있어요. 세금은 나라 유지와 국민의 생활을 위해 쓰이지요. 돈이 많은 사람은 세금을 많이 내도록 하고 있어요.

> 세무 공무원이 3년 동안 거액의 세금을 횡령해 온 사실이 제보로 드러났습니다.

세무 세금을 매기고 거두어들이는 일.
횡령 공금이나 다른 사람의 재물을 불법으로 차지함.

탈세

세금을 내야 하는 의무가 있는 사람이 세금을 내지 않은 것을 말해요. 불법적인 방법을 이용해 세금을 적게 내기도 해요. 탈세가 드러나면 법으로 처벌받아요.

> 탈세로 물의를 빚은 연예인이 6개월 만에 복귀해서 논란이 일고 있다.

물의 많은 사람들의 평판이나 비난.
물의를 빚다, 물의를 일으키다 등으로 쓴다.
복귀 원래의 자리로 되돌아감.

부동산 투기

시세의 변화에 따라 많은 이익을 얻기 위해 부동산을 사고파는 것이에요. 소득 격차를 심화시키고, 근로 의욕을 떨어뜨리는 등의 문제점이 있어요.

> 부동산 투기 근절을 위한 특별조사단이 3개월간 집중 단속 실시!

격차 기술이나 임금 등의 수준이 벌어져서 서로 다른 정도.
근절 다시 살아나지 못하게 뿌리째 없앰.

어휘력 체크

표시한 설명에 맞는 단어를 음절 구슬에서 찾아 빈칸에 써 보세요.

부동산 투기는
다시 살아날 수 없도록 뿌리째 없애야 해.

㉠ ☐☐

맞아.
다른 사람의 재물을 불법으로 차지하는 것도 사라져야 하지.

㉡ ☐☐

신기한 건 **일하고 얻는 수입**이 높은 사람들은 왜 그러는 거야? 돈도 많으면서.

㉢ ☐☐

돈 많으면 뭐 하냥.
내가 가장 **높은 위치**에 있는 고양이다냥!

㉣ ☐☐

환전하면 똑같아

핵심단어: 인플레이션 통화량 해외 투자 환전

인플레이션

지속적으로 물가가 오르는 현상이에요. 인플레이션이 발생하면 물가 상승으로 화폐의 가치가 떨어져 임금이나 이자로 살아가는 사람들의 생활이 힘들어져요. 돈의 가치가 떨어지므로 사람들은 저축하기를 꺼리게 돼요.

베네수엘라는 극심한 인플레이션으로 화폐 가치가 폭락해 지폐를 세는 대신 무게로 재고 있습니다.

극심 매우 심함.
폭락 가격이나 주가가 크게 떨어지는 것.

통화량

나라 안에서 유통되는 화폐의 양이에요. 인플레이션이 걱정되면 중앙은행은 통화량을 줄여 물가를 안정시키려고 해요.

지난달 통화량 증가 폭이 역대 최대 수준이라고 합니다.

중앙은행 한 나라의 금융과 통화 정책의 중심이 되는 은행.
역대 여러 대를 거쳐 이어져 내려오는 동안.

해외 투자

국내의 자본이나 기술, 인력을 해외로 이전하는 것을 말해요. 해외에 회사나 공장을 설립하는 것이나 해외 주식에 투자하는 것 등이 해당되지요.

> 공격적으로 해외 투자를 하던 기업이 무리한 확장으로 도산 위기에 빠졌습니다.

인력 사람의 노동력. 인력난, 인력 부족 등으로 쓴다.
도산 재산을 모두 잃고 망하게 되는 것.

환전

서로 종류가 다른 화폐를 교환하는 것을 말해요. 해외여행을 갈 때는 그 나라에서 쓰는 돈으로 환전을 해야 해요.

> 휴가철을 앞두고 은행들은 환전 우대, 환전 수수료 할인 이벤트를 진행 중입니다.

우대 특별히 잘 대해 줌.
수수료 어떤 일을 처리해 준 것에 대한 대가로 주는 돈.

어휘력 체크

초성을 보고 문장에 들어갈 알맞은 단어를 써 보세요.

베네수엘라, 최악의 ㉠ ㅇ ㅍ ㄹ ㅇ ㅅ 으로 경제 마비

베네수엘라 수도 카라카스의 한 슈퍼마켓에서 2kg 생닭 한 마리가 1500만 볼리바르에 판매됐다고 전했습니다. "최저 임금이 올라서 지금 월급이 1500만 볼리바르예요." 월급으로는 닭 한 마리 정도밖에 못 사는 ㉡ ㄱ ㅅ 한 상황이 벌어지고 있습니다.

정답 ㉠ _____

㉡ _____

문장을 완성하는 알맞은 단어에 동그라미 하고 써 보세요.

해외 여행자가 급증하면서 많은 여행자들이 몇 개월 전부터 ㉠ 환전, 환율 변화에 관심을 가지고 ㉡ 환전, 환율 수수료를 아낄 수 있는 다양한 정보를 공유하고 있습니다.

정답 ㉠ _____   ㉡ _____

흑자

수입이 지출보다 많은 것을 말해요. 검을 흑(黑), 글자 자(字)를 써서 '검은색 글자'라는 뜻이에요. 장부에 수입 초과 금액을 검은색 잉크로 쓰던 것에서 유래했어요.

> 한국형 슈퍼마켓, 인도네시아 진출 1년 만에 흑자 전환!

진출 활동 범위나 세력을 넓혀서 나감.
전환 다른 방향으로 바꾸거나 바뀜.

법인

자연인이 아니면서 법률상 권리와 의무를 행사할 수 있는 단체를 가리켜요. 사단 법인, 재단 법인 등이 있어요.

> 절세를 목적으로 법인 전환을 원하는 개인 사업자를 위한 무료 온라인 강좌가 열렸습니다.

자연인 법적 권리를 부여받은 자연적인 인간.
절세 세금을 적게 냄.

기술 이전

기술이 발달한 나라가 다른 나라로 기술을 넘겨주는 일이에요. 특별한 기술을 다른 기업으로 넘겨주는 경우에도 써요.

> 팬데믹 상황에서 백신 생산 기술 이전을 놓고 전 세계에서 논의가 활발합니다.

팬데믹 전염병이 세계적으로 크게 유행하는 것.
백신 전염병에 대해 면역을 갖기 위해 맞는 약.

다국적 기업

국경을 넘어 제품을 기획하고 생산, 판매하는 기업이에요. 교통과 통신의 발달로 지역 간의 교류가 늘어나 다국적 기업은 늘고 있어요. 크게 성장한 다국적 기업은 국제 관계에도 큰 영향을 주지요.

> 폭동으로 나라가 불안정해지자 다국적 기업들이 속속 나라를 떠나고 있습니다.

폭동 집단적으로 폭력 행위를 일으켜 혼란을 일으키는 일.
속속 상태가 자꾸 잇달아 일어나는 것.

가로세로 뜻풀이를 보고 빈칸에 알맞은 단어를 써 보세요.

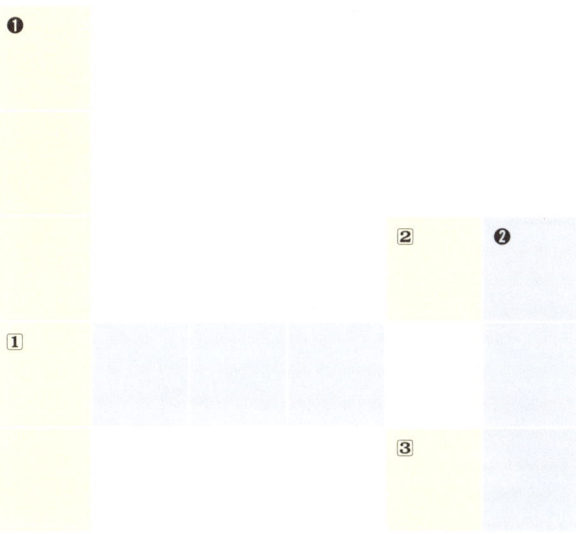

<가로>

1 다른 나라 기업에 기술을 넘겨주는 것
2 지출보다 수입이 많은 것
3 법률상 권리와 의무를 행사할 수 있는 단체

<세로>

❶ 국경을 넘어 제품을 기획하고 생산, 판매하는 기업
❷ 법적 권리를 부여받은 자연적인 인간

국민 총생산은 어려워

 국민 총생산   국내 총생산   기준 금리   재정 정책

국민 총생산

우리나라 사람이 국내와 해외에서 생산한 최종 생산물의 가치를 더한 것이에요. 1년 단위로 계산하며, 나라의 경제 규모를 재는 척도가 되지요.

> 부탄은 국민 총생산 대신 국민 총행복 지수로 국민의 행복도를 조사해 정책에 반영하고 있습니다.

최종 생산물 다른 상품의 생산에 쓰이지 않고 생활하는 데 직접 쓰이는 생산물.
지수 특정 해의 수량을 기준으로 잡아 100으로 하고, 다른 해의 수량을 비율로 나타낸 수치.

국내 총생산

우리나라 안에서 국민과 외국인이 1년 동안 생산한 최종 생산물의 가치를 말해요. 경제 성장을 나타내는 지표가 되지요. 국내 총생산이 오를수록 경제 활동이 활발해지고 경제 규모도 커져요.

> 2분기 국내 총생산이 2.5% 올라 성장세를 이어 가고 있습니다.

지표 방향이나 목적, 기준 따위를 나타내는 것.
분기 1년을 4등분한 것. 2분기는 4~6월을 가리킨다.

기준 금리

한 나라의 금리를 대표하는 정책 금리예요. 한국은행 기준 금리는 금융통화위원회에서 매달 회의를 통해서 결정해요.

한국은행은 8월 기준 금리를 결국 동결하기로 결정했습니다.

한국은행 우리나라의 중앙은행으로 일반 은행 업무부터 외국환 업무까지 모두 담당한다.
동결 '얼어붙다'는 뜻으로 사업이 중단되거나 자금의 사용이나 변동이 금지된 것을 말한다.

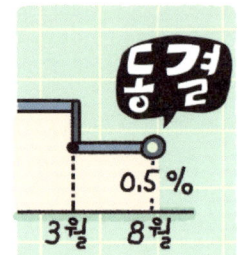

재정 정책

정부가 경기를 관리하기 위해 세입과 세출을 조절하는 정책을 말해요. 경제 안정화, 경제 발전, 소득 재분배 등의 기능을 담당하고 있어요.

중국은 적극적인 재정 정책을 펴서 하반기 경제 성장을 도모할 것이라고 밝혔습니다.

세입 정부에서 거두어들이는 세금의 수입.
세출 정부가 행하는 모든 지출.

어휘력 체크

문장에 들어갈 알맞은 단어를 골라 써 보세요.

한국은행 기준 금리 재정 정책 동결

국내 총생산 국민 총생산 지수 적자

분기 환전 인플레이션

- (㉠)이 증가할수록 나라 안 경제 활동이 활발해지고 경제 규모도 커집니다.

- (㉡) 금융통화위원회에서는 2월 (㉢) 인상이 불가피하다며 0.2% 인상하기로 결정했습니다.

- 물가가 지속적으로 올라 (㉣)이 우려되므로 경제 안정화를 위한 (㉤)이 필요합니다.

- 회사의 경영 악화로 적자가 커지자 임금 (㉥)을 결정했습니다.

정답 ㉠_____ ㉡_____

㉢_____ ㉣_____

㉤_____ ㉥_____

공정 무역

저개발 국가의 상품을 공정한 가격으로 직접 사고파는 무역을 말해요. 직거래를 통해서 노동력에 대해 정당한 값을 지불할 수 있어서 저개발 국가의 경제에 도움을 줄 수 있고, 소비자도 믿을 수 있는 상품을 받을 수 있다는 장점이 있어요.

공정 무역 초콜릿 출시, **불티나게** 팔려!

저개발 국가 산업이나 경제가 발달하지 못한 나라. 개발 도상국이라고도 하며 아시아, 아프리카, 중남미의 일부 나라를 말한다.
불티나다 물건이 아주 빨리 팔리거나 없어지는 것.

공정 여행

관광이나 즐기는 위주의 여행이 아니라 그 나라 사람들과 관계를 맺으며 도움을 줄 수 있는 여행을 말해요.

지역과 **상생**하는 **공정 여행** 상품, **성황리**에 매진.

상생 서로 다 같이 잘 살아감.
성황리 사람이 많이 모여 분위기가 성대한 가운데.

희소성

원하는 것에 비해서 부족한 상태를 말해요. 많이 만들 수 있어도 일부러 적게 만들어 희소성을 갖게 하는 경우도 있어요.

한정판 상품이나 아트테크는 희소성 있는 상품에 투자하는 것으로 폭발적으로 성장하고 있다.

한정판 일부러 생산 개수를 줄여서 만든 것.
아트테크 아트와 재테크를 합친 말로 예술 작품에 투자하여 작품의 가치가 오르면 이익이 생기는 방식이다.

개발 도상국

산업의 근대화나 경제 수준이 선진국에 비해서 떨어지는 나라를 말해요. 예전에는 후진국이라고도 불렀어요.

유엔무역개발회의는 2021년 한국의 지위를 개발 도상국에서 선진국으로 변경했습니다.

후진국 선진국과 반대되는 말.
유엔무역개발회의 국제 연합(UN) 총회에 있는 기구로 개발 도상국을 지원하는 일을 하고 있다.

어휘력 체크

문장에 들어갈 알맞은 단어를 골라 써 보세요.

　　　공정 여행　　　공정 무역　　　희소성　　　개발 도상국

- (㉠)으로 수입한 스카프는 사람이 손으로 직접 하나하나 만들어 뛰어난 품질을 자랑합니다.
- 지자체에서는 지역 홍보와 환경 보존을 위해 (㉡) 상품을 출시하고 있습니다.

정답 ㉠ _____　　㉡ _____

문장을 완성하는 알맞은 단어에 동그라미 하고 써 보세요.

- 개발 도상국은 근대화나 경제 수준이 선진국에 비해
  ㉠ 뛰어난, 떨어지는　나라입니다.
- 희소성은 사람들이 원하는 것에 비해서 ㉡ 풍부한, 부족한 상태를 말해요.
- 공정 무역은 ㉢ 저개발 국가, 선진국 의 상품을 공정한 가격으로 직접 사고파는 무역을 말해요.

정답 ㉠ _____　　㉡ _____　　㉢ _____

3장

국제결혼
차별
다문화 사회
제노포비아
온실 효과
지구 온난화
환경 문제
비정부 기구
자유주의
파업
세계화
정보화
비무장 지대
이산가족
국방비
통일 비용
문화인
야만
미개
문화권
문화 사대주의
발명
발견
생애 주기
정체성
질풍노도

소수 민족
사회적 소수자
자문화 중심주의
대중 매체
대중문화
뉴 미디어
오리엔탈리즘
인도주의
기아
국경 없는 의사회
인간의 존엄성
명예 살인
사회적 지위
역할
저출산
고령화
인구 부양력
인간 소외
산업화
노동 문제
노동법
시민 단체

사회와 문화

누가 차별한다고?

국제결혼의 증가로 우리나라도 다문화 사회로 빠르게 나아가고 있습니다.

우리 반에도 있어요.

다른 친구들이 차별하진 않지?

그렁~ 그르릉~

그런 걸 제노포비아라고 하는 거야.

응?

차별? 오히려 우리가 차별당하고 있는 것 같은데?

캬아—

내 큰 눈을 보라고. 예쁘지? 너보다 얼굴도 훨씬 작지? 다리도 길어. 나는 2개 국어를 한다고.

탐나라이 유우~

와... 반장 부럽다.

핵심 단어: 국제결혼 차별 다문화 사회 제노포비아

국제결혼

국적이 다른 남성과 여성이 결혼을 하는 것이에요. 우리나라는 1990년대 결혼 적령기 여성의 부족으로 농촌에 사는 남성들의 국제결혼이 늘어났어요.

> 농촌 총각 국제결혼 지원 정책이 인권 침해라며 발끈하는 목소리가 높습니다.

적령기 어떤 일을 하기에 딱 알맞은 나이.
발끈하다 사소한 일에 갑자기 성을 내는 것.

차별

둘 이상의 대상을 차이를 두어 구별하는 것이에요. 차이는 서로를 구별할 수 있는 특성을 말하고, 차별은 정당한 이유 없이 차이에 대해 불이익을 주는 것이지요.

> 인종 차별 반대 '리브 투게더' 챌린지에 동참하는 사람들이 늘고 있습니다.

챌린지 도전이라는 뜻으로, 특정 행동을 하고 나서 다음 주자를 지목하며 확산해 나가는 마케팅 방식.
동참 일이나 모임에 함께 참가하는 것.

다문화 사회

한 사회 안에 다양한 언어와 문화를 가진 사람들이 어우러져 살아가는 사회를 말해요. 세계화로 국가 간 이동이 자유롭고 노동력 부족을 해결할 수 있다는 장점이 있지만 편견과 차별이 있을 수 있어요.

> **다문화 사회** 인식 제고를 위한 온라인 채널의 구독자가 100만 명이 넘었습니다.

편견 한쪽으로 치우쳐서 공정하지 못한 생각.
편견을 가지다, 편견을 버리다 등으로 쓴다.
제고 수준이나 정도 따위를 끌어올리는 것.

제노포비아

다른 문화권의 사람을 혐오하고 증오하는 것으로 인종 차별의 다른 말이기도 해요. 이방인을 뜻하는 '제노'와 싫어한다, 기피한다를 뜻하는 '포비아'를 더한 말이에요.

> 바이러스의 확산보다 **제노포비아**의 확산이 두려워 집 밖으로 나가지 못하는 사람들!

혐오 미워하고 꺼림.
기피 싫어서 꺼리고 피함.

어휘력 체크

표시한 설명에 맞는 단어를 음절 구슬에서 찾아 빈칸에 써 보세요.

서로 다른 국적으로 결혼한 부부가 어제 옆집으로 이사를 왔어.

㉠ ☐☐☐☐

좀 다르다고 해서 이유 없이 불이익을 주는 일은 없어야 할 텐데.

㉡ ☐☐

나도 그런 경험 있어. 음식 먹을 때 미워하고 꺼리는 시선을 느끼기도 해.

㉢ ☐☐

고양이에 대해 한쪽으로 치우쳐 공정하지 못한 생각도 나쁘다냥!

㉣ ☐☐

환경 문제는 실천부터

온실 효과 · 지구 온난화 · 환경 문제 · 비정부 기구

온실 효과

이산화 탄소, 메탄 등의 온실가스가 지표와 대류권을 데워 온실처럼 기온을 올리는 것을 말해요. 온실 효과가 과도하게 일어나면 기후 변화 등으로 많은 재해가 일어날 수 있어요.

> 기후 위기의 주범은 온실가스가 일으키는 온실 효과입니다.

대류권 대기권의 가장 아래에 있는 층. 고도는 약 10km 정도이다.
주범 사건이나 안 좋은 결과를 만든 주된 원인.

지구 온난화

지구의 기온이 올라가는 현상이에요. 지구가 더워지면 북극의 빙하가 녹아 섬이 사라질 수 있고, 각종 질병이 발생하거나 추운 지역에 사는 동식물이 멸종될 수 있어요.

> 지구 온난화로 한국은 온대 기후에서 아열대 기후에 근접하고 있습니다.

온대 기후 중위도 지방에서 사계절의 변화가 뚜렷하게 나타나는 기후.
아열대 기후 월 평균 기온이 10℃ 이상인 달이 8개월 이상이고, 가장 추운 달 평균 기온이 18℃ 이하인 기후.

환경 문제

대기 오염, 수질 오염 등 자연이나 생활에 나쁜 영향을 주는 문제를 말해요. 산업이 발달하면서 환경 문제는 더욱 심각해지고 있어요.

환경 문제에 앞장서는 10대 환경 운동가 그레타 툰베리.

환경 운동가 환경을 보호하는 일에 나서는 사람.
그레타 툰베리 스웨덴 출생으로 기후 변화 대책 마련 시위를 한 것을 시작으로 10대들이 환경 운동에 나서도록 이끌었다.

비정부 기구

정부와 상관없이 개인들이 자발적으로 만든 단체예요. 영어 약자로 NGO라고도 적어요. 주로 공익성, 비영리성을 추구하는 일을 벌이고 있어요.

세이브 더 칠드런은 국제 구호를 하는 **비정부 기구**로 신생아 살리기 캠페인을 벌이고 있어요.

비영리 재산상의 이익을 얻으려 하지 않음.
구호 재해나 재난으로 피해를 입은 사람을 도움.

어휘력 체크

뜻풀이에 맞는 단어를 음절 상자에서 찾아 묶고 써 보세요.

비	영	리	주	식
대	정	화	범	과
류	구	부	효	선
권	온	대	기	후
온	실	효	과	구

㉠ 온실가스로 대기권이 데워지는 현상

㉡ 재산상의 이익을 얻으려 하지 않음

㉢ 개인들이 자발적으로 만든 단체

㉣ 중위도 지방에서 사계절의 변화가 뚜렷하게 나타나는 기후

㉤ 사건이나 안 좋은 결과를 만든 주된 원인

㉥ 대기권의 가장 아래에 있는 층

엄마도 파업하고 싶어!

핵심단어: 자유주의 파업 세계화 정보화

자유주의

개인의 자유와 자유로운 표현을 중시하는 사상이에요. 18세기 왕조를 무너뜨리고 개인의 가치를 인정하는 프랑스 혁명의 원동력이 되었어요.

> 존 스튜어트 밀은 사상과 표현의 자유를 중시하는 자유주의 철학자이다.

프랑스 혁명 1789년에서 1794년에 일어난 프랑스의 시민 혁명. 자유, 평등, 박애의 사상을 내세우며 시민들이 자발적으로 들고일어났다.
원동력 어떤 움직임을 일으키는 근본이 되는 힘.

파업

하던 일을 중단하는 것이에요. 노동 조건을 개선하려는 목적으로 노동자들이 집단적으로 파업을 하기도 해요.

> 버스 파업으로 귀경길 시민들이 불편을 겪지 않도록 임시 버스 투입.

귀경길 서울로 돌아오는 길. 명절에 고향으로 내려가는 길은 귀성길이라고 한다.
투입 사람이나 돈, 물자 등을 필요한 곳에 넣음.

세계화

국경이 사라지고 세계 여러 나라를 이해하고 받아들이게 되는 것이에요. 국가와 기업이 활발하게 교류하고 협력하면서 세계화는 더욱 확대되고 있어요.

한식의 세계화를 위해서는 전문 조리 인력 양성이 필요합니다!

한식 우리나라의 음식.
양성 가르쳐서 유능하게 만듦. 실력을 발전시킨다는 뜻도 있다.

정보화

지식이나 자료를 기반으로 가공한 정보로 가치를 만들어 내는 것이에요. 오늘날에는 산업과 정보 기술이 발달해 정보가 중요한 자원이 되었어요.

고령자를 대상으로 '시니어 무료 정보화 교육'이 시행되고 있습니다.

고령자 나이가 많은 사람. 대체로 만 65세 이상인 사람을 가리킨다.
시니어 원래 뜻은 연장자, 선배이지만 대개 고령자와 비슷하게 쓰이고 때로는 50대 이상을 포함하기도 한다.

어휘력 체크

뜻풀이와 초성을 보고 알맞은 단어를 써 보세요.

- 지식이나 자료를 기반으로 가공한 정보로 가치를 만들어 내는 것

  ㉠ ㅈ ㅂ ㅎ

- 개인의 자유와 자유로운 표현을 중시하는 사상

  ㉡ ㅈ ㅇ ㅈ ㅇ

- 국경이 사라지고 세계 여러 나라를 이해하고 받아들이게 되는 것

  ㉢ ㅅ ㄱ ㅎ

- 하던 일을 중단하는 것

  ㉣ ㅍ ㅇ

정답 ㉠_____ ㉡_____ ㉢_____ ㉣_____

문장을 완성하는 알맞은 단어에 동그라미 하고 써 보세요.

- 자유주의는 개인의 ㉠ 자유, 의무 를 중시하는 사상이에요.
- 파업은 하던 일을 ㉡ 지속, 중단 하는 것이에요.
- 세계화는 ㉢ 국경, 영토 이 사라지고 여러 나라와 교류하는 것이에요.

정답 ㉠_____ ㉡_____ ㉢_____

비무장 지대

조약이나 협약에 따라 군사 시설이나 무기, 군인 등을 두지 않는 지역이에요. 우리나라는 휴전선을 기준으로 남북으로 각각 2km 지역을 비무장 지대로 두고 있어요.

비무장 지대에는 멸종 위기의 야생동물 수백여 종이 서식하고 있습니다.

휴전선 군사 협정에 따라 만든 군사 경계선. 우리나라의 휴전선은 위도 38도에 있어 38선이라고도 부른다.
서식 생물이 특정한 곳에서 터를 잡고 사는 것.

이산가족

전쟁, 재해, 남북 분단 등으로 흩어져서 서로 소식을 모르는 가족이에요. 6·25 전쟁 이후 우리나라는 이산가족 상봉 행사 등을 통해 헤어진 가족을 만나게 하는 활동을 벌이고 있어요.

통일부는 **이산가족** 신청자를 대상으로 영상 편지를 제작하기로 했습니다.

상봉 서로 만남.
통일부 남북 대화와 교류, 협력과 통일에 관한 업무를 담당하는 국가 기관.

국방비

외국의 침략에 대비하여 국토를 지키기 위해 쓰는 비용이에요. 전쟁에서 필요한 경비와 전쟁을 대비하기 위한 비용을 모두 포함해요.

> 나라의 재정이 부족하자 **국방비**를 대폭 삭감하여 문제가 되고 있습니다.

대폭 큰 폭이라는 뜻으로 '많이'의 의미로도 쓴다.
삭감 깎아서 줄인다는 뜻으로 돈이나 인력 등에 주로 쓴다.

통일 비용

분단된 나라가 통일을 이룬 다음 비슷한 경제 수준으로 맞추기 위해 필요한 비용이에요. 보통 10년 동안 드는 비용을 말하는데, 수십에서 수백 조 원이 들 것으로 추정해요.

> 천문학적인 **통일 비용**이 든다는 의견은 단지 부정적인 여론을 조성하기 위한 것입니다.

조 억의 만 배. 억 단위에서는 10억, 100억, 1000억 다음에 1조이다. 조의 만 배는 경이다.
천문학적 수가 엄청나게 큰 것. 천문학적 숫자, 천문학적 재산, 천문학적 손실 등으로 쓴다.

사회와 문화

어휘력 체크

초성을 보고 문장에 들어갈 알맞은 단어를 써 보세요.

남북 긴장 완화로 ㉠ ㅇ ㅅ ㄱ ㅈ 상봉 행사 재개

남북 정상이 ㉡ ㅂ ㅁ ㅈ ㅈ ㄷ 에서 만나 합의한 결과 ㉠ ㅇ ㅅ ㄱ ㅈ 상봉 행사가 내년부터 재개될 전망입니다. 88세 김 씨는 "신청을 하고 2년간의 기다림 끝에 북쪽에 있는 가족들과 만날 수 있는 길이 열렸습니다."라며 기뻐했습니다.

정답 ㉠_____ ㉡_____

뜻풀이를 보고 알맞은 단어를 써 보세요.

㉠ 국외 침략을 대비하기 위해 국토를 지키는 비용

㉡ 휴전선을 기준으로 남북으로 각각 2km 지역

㉢ 통일을 이룬 뒤 경제 수준을 맞추기 위해 필요한 비용

123

문화인이 되자!

핵심단어 문화인 야만 미개 문화권 문화 사대주의

문화인

높은 문화생활을 누리거나 문화적 교양이 있는 사람을 말해요. 비슷한 말로 문명인이 있어요.

문명이 발달한 사회일수록 문화인의 욕구는 더욱 강합니다.

교양 학문이나 지식, 사회생활을 바탕으로 이루어지는 품위를 지닌 것.
문명 인류가 이룩한 물질적·기술적·사회적인 발전.

야만

교양이 없고 무례하거나 문화 수준이 낮은 상태를 말해요. 야만적, 야만인 등으로 써요.

평화 시위에 나선 사람들에게 총부리를 겨눈 행위는 야만적이다!

총부리 총알이 나가는 총의 앞부분.
겨누다 활이나 총, 칼 등을 목표물을 향해 두고 방향이나 거리를 잡는 것.

미개

사회의 문화 수준이 낮은 상태를 말해요. 야만, 후진 등과 비슷한 의미예요.

> 동물을 학대한 주인에 대해 **미개**하고 잔인하다는 질타가 이어지고 있습니다.

학대 괴롭히고 못살게 구는 것.
질타 큰 소리로 꾸지는 것. 여론의 질타, 질타를 받다 등으로 쓴다.

문화권

공통된 특징을 지니는 어떤 문화가 지리적으로 분포하는 범위를 말해요. 문화권은 인구의 이동이나 문화 교류와 전파로 계속 변화하고 있어요.

> 이슬람 **문화권** 진출을 위해 국내 식품 회사들이 앞다투어 할랄 인증을 받고 있습니다.

이슬람 이슬람교를 국교로 삼은 나라나 이슬람교를 믿는 사람.
할랄 이슬람 율법에 따라 이슬람교도가 먹고 쓸 수 있도록 허용된 것.

문화 사대주의

다른 사회의 문화를 우수하다고 여기고 자신이 속한 문화를 업신여기고 낮게 평가하는 태도를 말해요. 특정 문화를 우월하게 여기기 때문에 자기 문화의 주체성을 잃을 수 있지요.

> 할리우드 히어로 영화 중에는 문화 사대주의가 담겨 있는 것들이 있습니다.

업신여기다 다른 사람을 낮추어 보거나 하찮게 여기다.
할리우드 미국 캘리포니아주에 있는 지역으로 영화 제작이 활발하게 이루어지고 있는 곳이다.

문화 상대주의

다른 문화를 이해하려는 태도로, 각 문화는 자연환경, 사회적 구조, 역사적 맥락 등에 따라 차이가 있다는 점을 인정하는 것이에요. 힌두교도가 소고기를 먹지 않거나 이슬람교도가 돼지고기를 먹지 않는 것처럼요. 각 문화는 서로 다른 환경에서 나름의 방법으로 적응해 오면서 자연스럽게 만들어졌기 때문에 그 차이를 존중해야 하지요.

어휘력 체크

문장을 완성하는 알맞은 단어에 동그라미 하고 써 보세요.

- 다른 사회의 문화를 우수하다고 여기고 자신이 속한 문화를 업신여기고 낮게 평가하는 태도를 ㉠ 문화 사대주의, 문화 상대주의 라고 해요.
- ㉡ 야만, 선진 은 교양이 없고 무례하거나 문화 수준이 낮은 상태를 말해요.
- 공통된 특징을 지니는 어떤 문화가 지리적으로 분포하는 범위를 ㉢ 문화권, 문화인 이라고 해요.

정답 ㉠ _____ ㉡ _____ ㉢ _____

뜻풀이와 초성을 보고 알맞은 단어를 써 보세요.

- 사회의 문화 수준이 낮은 상태

㉠ [ㅁ][ㄱ]

- 높은 문화생활을 누리거나 문화적 교양이 있는 사람

㉡ [ㅁ][ㅎ][ㅇ]

정답 ㉠ _____ ㉡ _____

128　사회와 문화

발명

세상에 없던 기술이나 물건을 새로 만들어 내는 것을 말해요. 문자, 증기 기관, 금속 활자, 전화, 전구, 수레바퀴 등은 놀라운 발명품들이에요.

> 전구를 발명한 에디슨은 무려 1000여 개의 특허를 가지고 있었습니다.

금속 활자 납이나 구리 등에 새긴 활자.
특허 특정인의 이익을 위하여 발명품에 대해서 독점으로 사용할 수 있도록 하는 권리.

발견

아직 알려지지 않았거나 찾지 못했던 사물이나 지역, 현상 등을 찾아낸 것을 말해요. 잃어버린 물건을 찾았을 때도 쓰지만 보물, 신대륙이나 유적 등도 발견했다고 해요.

> 감염병의 변이 바이러스가 발견되어 불안감과 긴장감이 높아지고 있습니다.

신대륙 아메리카와 오스트레일리아 대륙을 가리킨다.
변이 환경이나 유전자의 변화에 의해서 같은 종에서 성질이 다른 개체가 나타나는 현상.

생애 주기

사람이 태어나서 죽는 동안 시간의 흐름에 따라 나타나는 커다란 변화를 일정한 단계로 구분한 것이에요. 일반적으로 아동기, 청년기, 중장년기, 노년기로 나눌 수 있어요.

생애 주기에서 노년기에는 소득이 중단되기 때문에 계획적인 자금 관리가 중요하다.

노년기 육체적, 정신적으로 쇠퇴하는 시기로 일반적으로 65세 이후를 가리킨다.
자금 관리 필요한 자금을 효율적으로 쓰기 위해 자금을 계획하고 통제하는 것.

 생애 주기와 경제생활

아동기
부모의 소득에 의존하여 생활하는 시기

청년기
취업을 해 소득이 발생하고, 소득과 소비가 적지만 돈을 모아 결혼과 출산에 대비하는 시기

중장년기
소득이 가장 높지만 자녀 양육, 주택 마련 등 소비가 늘어나는 시기

노년기
소득이 줄어들거나 없어져서 노후 대비 자금이나 연금으로 생활하는 시기

정체성

자신의 내부에서 변하지 않는 것이에요. 다른 사람과 구분되는 것으로, 스스로가 어떤 사람인지 알고자 할 때는 성격, 가치관, 능력, 목표 등을 명확하게 아는 것이 중요해요.

자신의 공약을 번복하는 정치인에 대해 정체성 논란이 일고 있다.

공약 정치인 등이 국민에게 어떤 일을 할 것이라고 약속하는 것.
번복 말 등을 이리저리 뒤집는 것.

질풍노도

'거센 바람과 성난 파도'라는 뜻으로 청소년기의 불안하고 충동적인 상태를 나타낼 때 쓰는 표현이에요. 일반적으로 사춘기를 질풍노도의 시기라고 말하지요.

갱년기는 질풍노도 시기보다 더 큰 감정의 변화를 겪는다고 한다.

사춘기 2차 성징이 나타나는 시기. 보통 15~20세를 말한다.
갱년기 노년기로 접어드는 시기. 보통 신체 기능이 떨어지는 40~50세를 말한다.

어휘력 체크

가로세로 뜻풀이를 보고 빈칸에 알맞은 단어를 써 보세요.

<가로>
세상에 없던 기술이나 물건을 새로 만들어 내는 것

<세로>
아직 알려지지 않았거나 찾지 못했던 것을 찾아낸 것

<가로>
사람이 태어나서 죽는 동안 시간의 흐름에 따라 나타나는 커다란 변화를 일정한 단계로 구분한 것

<세로>
2차 성징이 나타나는 시기

뜻풀이와 초성을 보고 빈칸에 알맞은 단어를 써 보세요.

- '거센 바람과 성난 파도'라는 뜻
  ㉠ ㅈ ㅍ ㄴ ㄷ

- 자신의 내부에서 변하지 않는 것
  ㉡ ㅈ ㅊ ㅅ

정답 ㉠ _____ ㉡ _____

비만인도 사회적 소수자야!

소수 민족

다민족 국가에서 인구수가 적은 민족으로, 언어와 관습이 달라요. 지배적인 세력을 가진 민족에게 소수 민족이 차별을 당해 문제가 되기도 해요.

중국 소수 민족 마을에 큰불이 나 전통 가옥이 전소했다고 합니다.

가옥 사람이 사는 집.
전소 모두 타 버려서 남지 않음.

사회적 소수자

인종, 언어, 문화적 특징을 지닌 적은 수의 사람을 말해요. 사회적 영향력이 상대적으로 적어 불평등한 대우를 받거나 불이익을 받기도 해요.

성소수자, 이주민 등 사회적 소수자를 다룬 문학 작품이 속속 출간되고 있습니다.

성소수자 성 정체성이 사회적 소수자에 속하는 사람.
이주민 자신이 태어나서 자란 지역을 떠나 다른 지역에서 사는 사람.

자문화 중심주의

자신이 속한 사회의 문화를 우수하다고 여기고 다른 문화를 낮게 평가하는 태도를 말해요. 과거에 중국이 주변 나라의 민족을 오랑캐라고 부르면서 무시한 것도 자문화 중심주의예요.

중국의 자문화 중심주의는 중화사상 혹은 화이사상이라고 부릅니다.

오랑캐 만주 지역에 살던 여진족을 이르던 말로, 이민족을 낮잡아 이르기도 했다.

중화사상 세계에서 중국 문화가 최고이며, 중국을 중심으로 모든 것이 이루어진다는 중국의 자문화 중심주의 사상이다.

문화 제국주의

발달한 군사력과 경제력을 바탕으로 다른 나라로 지배권을 넓혀 가려는 정책을 제국주의라고 해요. 오늘날 미디어가 발달하고 무역이 활발해지면서 강대국이 다른 국가에 자신의 문화를 강요하고 문화적으로 종속되게 만드는 것을 문화 제국주의라고 하지요. 예를 들면 미국의 영향력이 커지면서 영어를 세계 공용어로 생각하는 것이나 서양에서 즐기던 크리스마스를 다른 많은 나라에서 즐기는 것 등이지요.

어휘력 체크

가로세로 뜻풀이를 보고 빈칸에 알맞은 단어를 써 보세요.

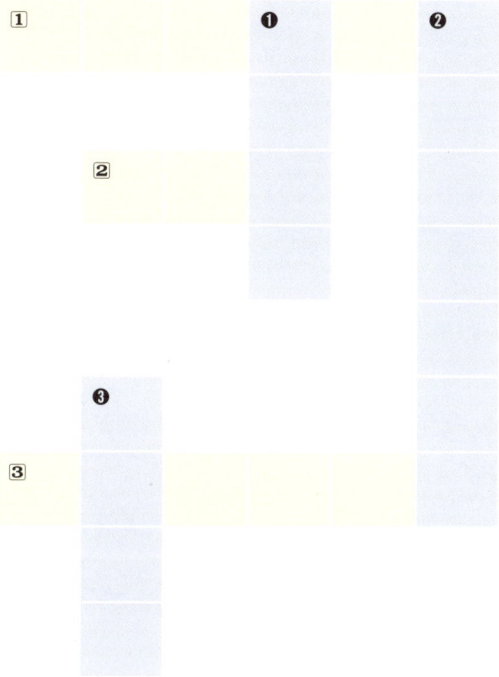

<가로>
1 인종, 언어, 문화적 특징을 지닌 적은 수의 사람
2 자신이 태어나서 자란 지역을 떠나 다른 지역에서 사는 사람
3 강대국이 다른 국가에 자신의 문화를 강요하고 문화적으로 종속되게 만드는 것

<세로>
❶ 다민족 국가에서 인구수가 적은 민족
❷ 자신이 속한 사회의 문화를 우수하다고 여기고 다른 문화를 낮게 평가하는 태도
❸ 중국 문화가 최고라고 여기는 중국의 자문화 중심주의 사상

대중문화의 아이콘이 되다

K 팝, 오리엔탈리즘을 깨다!

저게 무슨 말이지?

DTS는 알이지 동양인으로 최초로 어쩌구~ 저쩌구~ DTS, 뭐든 나에게 물어봐~

"덩기덕~ 여기서 끝나지 않아~ 쿵기덕이 있잖아~"

훗, 이 말은 DTS 오빠들 덕분에 K 팝의 인기로 동양에 대한 편견을 깼다는 거야.

이건 **대중 매체**의 발달 덕분이야. 특히 **뉴 미디어** 성장이 한몫했지. 그래서 DTS는 세계 여러 나라에서 **대중문화**의 아이콘이 되었다고!

누나에 대한 편견이 깨짐.

자, 봐바 일단!

모냥~ 와~! 미남

DTS 오빠들이 어쩌구 저쩌구... 듣고 있냐?

1시간째

난 그냥 단어 뜻이 궁금했을 뿐인데.

핵심 단어

대중 매체 · 대중문화 · 뉴 미디어 · 오리엔탈리즘

사회와 문화

대중 매체

많은 사람에게 대량으로 정보와 사상을 전달하는 매체예요. 신문, 잡지, 영화, 텔레비전, 라디오, 인터넷 등이 있어요.

인터넷 미디어가 확산되면서 대중 매체의 역기능이 우려됩니다.

매체 어떤 사건이나 현상을 다른 쪽으로 전달하는 물체나 수단.
역기능 본래 기대한 것과 반대로 나타나는 기능. 부정적인 의미로 쓰이며 반의어는 순기능이다.

대중문화

대중이 쉽게 접하고 즐길 수 있는 문화예요. 생활 수준이 향상되고 교육, 정보 기술이 발달하면서 대중문화가 형성돼요. 대중문화는 대량으로 생산, 소비되기 때문에 문화가 획일화될 가능성이 있어요.

주간 대중문화 이슈는 바로 유명 아이돌 커플의 탄생!

획일화 다양성이 무시되고 모두가 같은 방식으로 생각하고 행동하는 것.
이슈 서로 다투어 중심이 되는 것. 쟁점이라고도 한다.

뉴 미디어

미디어(media)는 매체라고도 해요. 뉴 미디어는 기술의 발달로 등장한 새로운 매체로 정보를 생산하는 쪽과 소비하는 쪽을 정확히 나눌 수 없어요. 정보 전달이 양쪽에서 모두 일어난다는 특징이 있어요.

> **뉴 미디어** 시대의 트렌드를 예측한 비즈니스 책 출간.

트렌드 경향, 동향이라는 뜻으로 사상이나 행동 또는 현상에서 나타나는 일정한 방향을 말한다.
비즈니스 사업이라고도 하며 어떠한 목적이나 계획을 가지고 일을 지속적으로 경영하는 것이다.

오리엔탈리즘

서양이 동양에 대해서 부정적으로 생각하는 왜곡된 인식을 말해요. 과거에 서양은 문명화되고 우월한 반면 동양은 미개하며 열등하다는 시각으로 보았어요. 오리엔탈리즘은 동양을 지배하는 것을 정당화하는 데 이용되었어요.

> 21세기에도 **오리엔탈리즘**이 만연하고 있어 동양인 혐오 사건이 끊이지 않습니다.

왜곡 사실과 다르게 해석함.
만연 나쁜 현상이 널리 퍼지는 것. 본래 뜻은 식물의 줄기가 널리 뻗는다는 의미이다.

어휘력 체크

뜻풀이를 보고 빈칸에 알맞은 단어를 써 보세요.

- 서양이 동양에 대해서 부정적으로 생각하는 왜곡된 인식
  ㉠ ㅇ ㄹ ㅁ ㅌ ㄹ ㅈ

- 신문, 잡지, 영화, 텔레비전, 라디오, 인터넷 등 정보를 전달하는 매체
  ㉡ ㄷ ㅈ ㅁ ㅊ

- 나쁜 현상이 널리 퍼지는 것
  ㉢ ㅁ ㅇ

- 본래 기대한 것과 반대로 나타나는 기능
  ㉣ ㅇ ㄱ ㄴ

정답 ㉠_____ ㉡_____ ㉢_____ ㉣_____

문장을 완성하는 알맞은 단어에 동그라미 하고 써 보세요.

> 대중문화는 생활 수준이 ㉠ 향상, 저하 되고 교육, 정보 기술이 발달하면서 형성돼요. 대중문화는 대량으로 생산, 소비되기 때문에 문화가 ㉡ 다양화, 획일화 될 가능성이 있어요.

정답 ㉠_____ ㉡_____

인도주의

인종, 국가, 종교 등을 넘어 인간의 존엄성을 가장 중요하게 생각하는 태도예요. 다른 말로 휴머니즘이라고 하지요.

> 내전으로 무차별 학살이 벌어지는 국가에 인도주의적 지원이 필요합니다.

내전 한 나라 안에서 벌어지는 전쟁.
학살 잔인하게 마구 죽임.

기아

먹을 것이 없어서 굶는 것이에요. 기아는 태풍이나 가뭄 등의 자연적인 요인과 전쟁 등의 인위적인 요인으로 발생해요.

> 아프리카 기아율이 전 세계에서 가장 높다고 세계 보건 기구가 밝혔습니다.

가뭄 비가 오랫동안 내리지 않아 매우 건조하고 메마른 날씨.
세계 보건 기구 보건·위생 분야의 국제적인 협력을 위하여 1948년 설립된 국제 연합의 전문 기구. 영어 약자인 WHO로도 부른다.

국경 없는 의사회

전쟁이나 자연재해, 가난 등으로 의료 해택을 받지 못하는 사람들을 대상으로 구호 활동을 벌이는 국제 인도주의 의료 구호 단체예요. 적극적인 활동을 인정받아 1999년 노벨 평화상을 수상했어요.

> 치안 악화로 국경 없는 의사회가 운영 중인 병원이 폐쇄되고 말았습니다.

노벨 평화상 매년 인류 평화에 크게 공헌한 사람이나 단체에 수여하는 노벨상.

치안 나라의 안전과 질서를 유지하는 것. 각 나라는 법을 만들고 사법 기관, 경찰을 조직해 치안을 유지한다.

 **국제 비정부 기구 알아보기**

세이브 더 칠드런 전 세계 아동이 건강하고 안전하게 살아가기 위해 노력하는 국제 구호 단체예요. 다른 비정부 기구와 마찬가지로 인종, 종교, 민족과 무관하게 고통받는 아이들을 돕고 있어요.

그린피스 국제 환경 단체로 환경보호와 평화를 위한 활동을 벌이고 있어요. 1971년에 설립되었으며 주요 활동으로 원자력 발전소 건설 반대 운동, 고래잡이 감시 등이 있어요.

국제앰네스티 국제사면위원회라고도 해요. 모든 사람이 차별받지 않고 인권을 누릴 수 있도록 행동하는 비정부 기구예요. 국제앰네스티는 1977년 노벨 평화상을 수상했어요. 고문 추방, 사형 폐지, 난민 보호, 일본군 위안부 역사 알리기 등의 활동을 하고 있어요.

어휘력 체크

초성을 보고 문장에 들어갈 알맞은 단어를 써 보세요.

> ㉠ ㄱ ㅇ 로 고통받는 아프리카에
> 파견된 의료 구호 단체

의료 혜택을 받지 못하던 아프리카에 구원의 손길이 끊이지 않고 있다. ㉡ ㄱ ㄱ ㅇ ㄴ ㅇ ㅅ ㅎ 는 질병과 전염병으로 고통받는 사람들을 치료하고 생필품을 전달하는 등 적극적인 활동을 벌여 1999년 ㉢ ㄴ ㅂ ㅍ ㅎ ㅅ 을 수상했다.

정답 ㉠_____ ㉡_____ ㉢_____

뜻풀이를 보고 알맞은 단어를 써 보세요.

㉠ 인류 평화에 크게 공헌한 사람이나 단체에 수여하는 노벨상

㉡ 먹을 것이 없어 굶는 것

㉢ 한 나라 안에서 벌어지는 전쟁

145

사회적 지위가 뭐라고

인간의 존엄성 명예 살인 사회적 지위 역할

인간의 존엄성

인간이라는 이유만으로 존재 가치가 있으며 인간은 누구나 존중받아야 한다는 이념이에요. 인간이 태어나면서부터 가지는 천부 인권과 비슷한 의미이지요. 장애가 있는 사람이나 외국인에게도 인간의 존엄성은 보장되어야 해요.

인간의 존엄성을 지키기 위해 사형제에 반대합니다!

천부 인권 '인간의 권리는 하늘이 준다'는 뜻으로 모든 사람은 태어나면서부터 남에게 침해받지 않을 기본적 권리를 가진다는 의미이다.
사형 죄를 지은 사람의 목숨을 끊는 형벌.

명예 살인

집안의 명예를 훼손했다는 이유로 자신의 가족을 죽이는 것을 말해요. 이슬람권 국가에서 주로 일어나며 개종을 했다거나 정조를 잃은 여성을 상대로 일어나요.

결혼을 거부한 여성이 명예 살인을 당한 일이 알려지자 네티즌들은 인권 해시태그 운동을 벌이고 있습니다.

개종 자신이 믿던 종교를 다른 종교로 바꾸어 믿음.
해시태그 # 기호와 함께 핵심 단어를 쓰는 것. 특정 단어와 관련한 글임을 알 수 있다.

사회적 지위

한 개인이 속한 집단이나 사회 속에서 차지하는 위치를 말해요. 성별이나 가족처럼 의지와 상관없이 가지게 되는 지위도 있고, 후천적인 노력으로 가지게 되는 지위도 있어요.

> 구속된 한국대학교 교수, 사회적 지위를 이용한 채용 비리 드러나다!

구속 행동 등을 제한하는 것. 법률 용어로는 피의자를 일정 장소에 강제로 가두는 것을 말한다.
비리 이치나 도리에 어긋남.

역할

사회적 지위에서 기대되는 일정한 행동 양식을 역할이라고 해요. 학생의 역할은 학교 규칙을 잘 따르고 공부를 열심히 해야 하는 것이지요. 각자의 역할에서 해야 하는 구체적인 행동은 역할 행동이라고 해요.

> 10대 선수들 양궁 단체전에서 제 역할 톡톡히, 금메달 획득!

톡톡히 역할 등을 제대로 충분하게.
획득 얻을 획(獲), 얻을 득(得) 자를 쓰며 얻거나 가지게 되는 것.

금메달 꼭 따고 싶었어요!

어휘력 체크

뜻풀이와 초성을 보고 빈칸에 알맞은 단어를 써 보세요.

- 한 개인이 속한 집단이나 사회 속에서 차지하는 위치

  ㉠ | ㅅ | ㅎ | ㅈ | ㅈ | ㅇ |

- 집안의 명예를 훼손했다는 이유로 자신의 가족을 죽이는 것

  ㉡ | ㅁ | ㅇ | ㅅ | ㅇ |

- 인간이라는 이유만으로 존재 가치가 있으며 인간은 누구나 존중받아야 한다는 이념

  ㉢ | ㅇ | ㄱ | ㅇ | ㅈ | ㅇ | ㅅ |

정답 ㉠ _____ ㉡ _____ ㉢ _____

문장에 들어갈 알맞은 단어를 골라 써 보세요.

- 존엄성
- 비리
- 해시태그
- 라벨
- 사회적 지위
- 인간적 도리
- 구속
- 1인 시위

회사 내에서 사원들에게 폭력을 휘두른 회장의 영상이 '갑질 폭행'이라는 (㉠)를 달고 확산되고 있다. 이 사건은 회장이 자신의 (㉡)를 이용한 범죄로 인간의 (㉢)을 무시한 것이다.

정답 ㉠ _____ ㉡ _____ ㉢ _____

기계로 취급받는 인간 소외

핵심 단어: 저출산, 고령화, 인구 부양력, 인간 소외

저출산

아이를 적게 낳아서 출산율이 떨어지는 사회 현상이에요. 여성의 경제 활동이 늘어나고 비혼 문화가 확산되면서 저출산이 계속되고 있어요. 또 다른 원인으로 자녀 양육비 증가와 고용 불안정을 들 수 있어요.

> **저출산** 문제는 지원금보다 육아를 위한 근본적인 대책이 필요하다.

비혼 결혼을 하지 않음. 또는 결혼을 하지 않은 사람.
고용 불안정 계약직이나 임시직과 같이 일을 하는 데 안정적이지 못한 불안정한 상태.

고령화

전체 인구에서 고령자가 차지하는 비율이 늘어나는 것을 말해요. 인구 중 65세 이상의 고령자 비율로 고령화율을 나타내지요. 출생률이 줄어들고 평균 수명이 늘어나 고령화는 점점 심해지고 있어요.

> **고령화**가 가속되고 치매 환자도 늘고 있어 간병 인력이 부족합니다.

가속 '속도를 더한다'는 뜻. 일의 진행이 더욱 빨라지고 있다는 것을 나타낼 때도 쓴다.
치매 지능이나 의지, 기억이 점점 쇠퇴하는 병. 주로 노인에게 나타난다.

인구 부양력

한 나라가 주어진 자원을 이용하여 인구를 부양할 수 있는 능력을 말해요. 자원보다 인구가 많으면 인구 부양력이 낮아 기아, 실업 등의 문제가 생길 수 있어요.

> 척박한 서쪽 지대보다 동쪽의 곡창 지대가 인구 부양력이 더 높다.

척박하다 땅이 기름지지 않고 메마른 상태. 척박한 환경, 척박한 땅 등으로 쓴다.
곡창 지대 쌀 등의 곡식이 많이 나는 지대.

인간 소외

인간이 만들어 낸 것들에 의해서 인간이 지배당하거나 인간의 본질을 잃게 되는 것이에요. 인간이 조직의 부속품처럼 대우받거나 기계에 대체되는 모습이 해당되지요.

> 인간 소외를 실감 나게 그려 낸 소설이 노벨 문학상을 수상했습니다.

실감 실제로 겪는 듯 생생한 느낌.
노벨 문학상 인류의 복지를 위해 공헌을 한 문학가에게 주는 상.

어휘력 체크

초성을 보고 문장에 들어갈 알맞은 단어를 써 보세요.

인구 절벽! ㉠ ㅈ ㅊ ㅅ ㉡ ㄱ ㄹ ㅎ 로 인해 인구 감소가 심각하다

결혼을 하지 않는 ㉢ ㅂ ㅎ 과 출산을 피하려는 젊은 세대가 늘어나면서 출산율이 더욱 줄어들고 있다. 게다가 노년층 인구는 전체 인구의 20%가 넘어섰다고 합니다.

정답

㉠ _____

㉡ _____

㉢ _____

초성을 보고 문장에 들어갈 알맞은 단어를 써 보세요.

- 인간이 만들어 낸 것들에 의해서 인간의 본질을 잃게 되는 것을 ㉠ ㅇ ㄱ ㅅ ㅇ 라고 해요.

- 한 나라가 주어진 자원을 이용하여 인구를 부양할 수 있는 능력을 ㉡ ㅇ ㄱ ㅂ ㅇ ㄹ 이라고 해요.

정답 ㉠ _____ ㉡ _____

153

노동법을 지키자!

산업화 노동 문제 노동법 시민 단체

산업화

농업 중심의 사회에서 공업 중심의 사회로 바뀌는 현상을 말해요. 산업화로 인해 대량 생산이 가능해지고 사람들의 생활 수준이 높아지지만 도시로 사람들이 몰려서 환경 문제 등이 발생하지요.

18세기 후반에 일어난 산업 혁명으로 급격한 산업화가 이루어졌다.

세기 백 년 동안을 세는 단위. 18세기는 1700년대를 말한다.
산업 혁명 증기 기관의 발명으로 기계화되면서 산업이 급격하게 변화를 이룬 것.

노동 문제

근로자의 경제적·사회적 지위를 개선하거나 높이기 위한 문제를 말해요. 노사 갈등 문제, 비정규직 문제 등이 있어요.

이주 노동자의 노동 문제에도 관심을 가져야 합니다.

노사 노동자와 사용자를 아울러 가리키는 말.
비정규직 정년이 보장된 일을 정규직이라고 하고, 근무 기간이나 지속성을 보장받지 못하는 일을 비정규직이라고 한다.

노동법

근로자를 보호하기 위해 근로자의 권리와 근로 조건 등을 정해 놓은 법을 말해요. 근로 기준법, 최저 임금법 등이 해당되지요.

> 노동법 사각지대에 놓인 영세 사업장의 청년들.

사각지대 눈으로 보이지 않는 각도라는 뜻으로, 관심이나 영향이 미치지 못하는 곳을 비유적으로 이른다.
영세 작고 가늘다는 뜻으로 살림이 변변치 않고 가난함.

시민 단체

사회 문제를 해결하기 위해 시민들이 자발적으로 만든 단체예요. 사회 전체의 이익을 위하고, 정의로운 사회를 만들기 위한 활동을 주로 하지요.

> 특혜 의혹을 받는 시장에 대해서 시민 단체들이 진상 규명을 하라고 요구하고 있습니다.

특혜 특별한 혜택. 특혜를 받다, 특혜를 주다 등으로 쓴다.
진상 규명 진상은 진짜 모습을, 규명은 자세히 따져서 사실을 밝힌다는 뜻. 진상 규명은 사건 등의 내용을 자세히 따져서 바로 밝힌다는 뜻이다.

어휘력 체크

가로세로 뜻풀이를 보고 빈칸에 알맞은 단어를 써 보세요.

<가로>
18세기 후반 산업이 급격하게 변화를 이룬 것

<세로>
농업 중심의 사회에서 공업 중심의 사회로 바뀌는 현상

<가로>
근로자의 경제적·사회적 지위를 개선하거나 높이기 위한 문제

<세로>
근로자와 사용자

문장을 완성하는 알맞은 단어에 동그라미 하고 써 보세요.

- 시민 단체는 시민들이 ㉠ 자발적, 강제적 으로 만든 단체예요.
- 노동법은 근로자를 ㉡ 규제, 보호 하기 위해 근로자의 권리와 근로 조건 등을 정해 놓은 법이에요.

정답 ㉠ _____ ㉡ _____

선거
권력
유권자
민주 선거
대통령
언론
국제 사회
국제기구
인권 침해
최저 임금
근로 기준법
진정
여필종부
호주제
성차별
성평등
재판
판결
항소
배심원
민사 재판
원고
피고
일조권
영유권
동북 공정

역사 왜곡
외교 정책
헌법 재판소
재판관
탄핵
국무총리
공소
형사 재판
국내법
국제법
정상 회담
총리
의원 내각제
대통령제
천부 인권 사상
시민 혁명
참정권
민주주의

정치와 법

뇌물 없이 민주 선거로

선거

단체나 국가의 대표자를 뽑는 것이에요. 모든 사람들이 한자리에 모일 수 없기 때문에 선거로 대표자를 뽑아 중요한 일을 논의하고 결정하지요.

보궐 선거에서 애석하게도 한 표 차이로 떨어진 후보가 있었다.

보궐 선거 의원이 자리에서 물러나거나 사망 등의 이유로 자리가 비었을 때 다시 의원을 뽑기 위해 실시하는 임시 선거.
애석 슬프고 아까움.

권력

다른 사람을 지배하거나 복종시킬 수 있는 힘과 능력을 말해요. 정부나 국가는 국민의 행동을 통제할 수 있는 권력을 지니고 있어요.

쿠데타로 **권력**을 잡은 군인들의 **군사 독재**로 시민들이 고통받고 있습니다.

쿠데타 지배 계급 안에서 무력으로 정권을 빼앗는 일.
군사 독재 군인들이 강압적으로 나라를 다스리는 것. 군부 독재라고도 한다.

유권자

선거를 할 권리를 가진 사람이에요. 우리나라는 만 18세 이상부터 선거에 참여할 수 있어요.

선거 관리 위원회, 고등학생을 대상으로 새내기 유권자 연수 실시!

선거 관리 위원회 선거를 공정하게 관리하고 정당에 관한 일을 맡아서 하는 기관.
새내기 대학, 직장 등 조직에 새로 들어온 사람. 비슷한 단어로 신입, 신출내기가 있다.

민주 선거

민주주의 국가에서 민주적으로 치르는 선거예요. 민주 선거의 4대 원칙은 보통 선거, 평등 선거, 직접 선거, 비밀 선거예요.

민주 선거를 위반한 당선자들, 무더기 자격 박탈!

무더기 한곳에 수북이 쌓였거나 뭉쳐 있는 더미.
박탈 다른 사람의 재물이나 자격 등을 빼앗음.

어휘력 체크

뜻풀이에 맞는 단어를 음절 상자에서 찾아 묶고 써 보세요.

무	유	권	자	직
학	더	력	애	석
새	내	기	재	박
민	주	선	거	탈
선	향	다	물	당

㉠ 다른 사람의 재물이나 자격 등을 빼앗는 것

㉡ 대학, 직장 등 조직에 새로 들어온 사람

㉢ 다른 사람을 지배하거나 복종시킬 수 있는 힘과 능력

㉣ 선거를 할 권리를 가진 사람

㉤ 민주주의 국가에서 민주적으로 치르는 선거

㉥ 슬프고 아까움

대통령

나라를 대표하는 국가의 원수예요. 선거로 선출된 대통령이 행정부를 구성하는 정부 형태를 대통령제라고 해요.

> 임기 1년차, 해외 순방에 나선 대통령.

원수 나라 안에서 가장 권력이 강하면서 나라를 다스리는 사람. 대통령, 군주 등을 말한다.
순방 여러 나라나 도시를 돌아가며 방문하는 것.

언론

신문이나 텔레비전, 인터넷 등 다양한 매체를 통하여 어떤 사실을 밝혀 알리거나 여론을 만들어 가는 활동을 말해요.

> 무분별한 언론 보도로 피해자의 신상 공개, 2차 가해 우려!

신상 한 사람의 몸이나 개인 정보, 주변에 관련된 것.
2차 가해 성범죄 등에서 피해자에게 책임을 물으며 모욕하거나 탓하며 피해자를 괴롭히는 일.

잘못한 건 내가 아니라고.

국제 사회

여러 나라가 서로 교류하고 의존하면서 공존하는 사회예요. 오늘날은 빠른 세계화로 인해 전 세계가 교류하고 있어요.

> 아동의 영양실조가 극심한 아프리카를 위한 국제 사회의 공조가 필요합니다.

영양실조 영양소를 제대로 섭취하지 못해서 생기는 병.
공조 여러 사람이 힘을 모아서 도와줌.

국제기구

정부 혹은 민간단체가 어떤 목적이나 활동을 위해서 만드는 기구예요. 국제 연합 등은 정부 간 국제기구이고 그린피스 등은 국제 비정부 기구입니다.

> 국제기구 건물과 대사관에 대한 폭탄 테러로 긴급 대피 작전 개시.

대사관 다른 나라에 파견되어 외교 업무를 담당하는 대사가 머무는 곳.
테러 폭력을 이용하여 다른 사람을 위협하는 행위 또는 정치적인 목적을 가지고 조직적으로 벌이는 폭력 행위.

어휘력 체크

뜻풀이에 들어갈 알맞은 단어를 골라 써 보세요.

대통령　　**국제기구**　　**대사관**　　**국제 사회**

㉠ 여러 나라가 서로 교류하고 의존하면서 공존하는 사회

㉡ 다른 나라에 파견되어 외교 업무를 담당하는 대사가 머무는 곳

㉢ 나라를 대표하는 국가의 원수

㉣ 정부 혹은 민간단체가 어떤 목적이나 활동을 위해 만드는 기구

초성을 보고 문장에 들어갈 알맞은 단어를 써 보세요.

무분별한 ㉠ ㅇ ㄹ 보도에 피해자 고통!

자극적인 기사가 연일 쏟아져 나오고, 피해자들의 개인정보 등 ㉡ ㅅ ㅅ 이 알려져서 큰 문제가 되고 있습니다.

정답 ㉠ _____　　㉡ _____

인권 침해

개인이나 국가가 인간의 기본적인 인권을 침해하는 것이에요. 정당한 이유 없이 감시하거나 차별하며 불평등하게 대우하는 것이 인권 침해에 해당되지요.

> 휴대 전화 반입을 제한하는 것은 인권 침해의 소지가 있습니다.

반입 물건 등을 운반하여 들여옴.
소지 대체로 부정적인 일이 생기게 되는 원인이나 가능성.

최저 임금

나라에서 정한 임금의 최저 수준을 말해요. 고용인에게 최저 임금을 주도록 강제하여 근로자를 보호하기 위해 정한 것이지요.

> 최저 임금의 인상으로 무인점포가 늘어나면서 절도 범죄 급증!

무인점포 판매하는 사람이 없어 구매자가 물건을 직접 결제하는 가게.
절도 다른 사람의 물건을 몰래 훔침.

근로 기준법

근로 기준을 정해 놓은 법이에요. 근로자의 기본적 생활을 보장하고, 향상시키며 균형 있는 경제 발전을 도모하기 위해 임금, 노동 시간, 휴가, 안전 등의 최저 기준을 밝혔어요.

> 한 게임 회사는 초과 근무로 근로 기준법 위반 조사를 받았다.

도모 어떤 일을 이루기 위하여 대책이나 방법을 세움.
초과 일정한 수나 한도를 넘어서는 것. 기준이 되는 수를 포함하지 않으면서 그 수보다 큰 것을 말한다.

진정

실제 있었던 일이나 사실을 말하는 것이에요. 국가 기관에 사정을 이야기하고 조치를 취해 달라고 진정을 제기하면 바로잡을 수 있어요.

> 임금 체불을 견디다 못한 근로자 수십 명이 고용 노동부에 진정을 제기했습니다.

체불 일한 대가를 지불하지 않고 미룸.
고용 노동부 고용 정책, 근로 조건, 근로자의 복지 등의 사무를 맡아 보는 중앙 행정 기관.

어휘력 체크

문장에 들어갈 알맞은 단어를 음절 상자에서 찾아 묶고 써 보세요.

근로자 수십 명이 거리에서 목소리를 높이다

"㉠ [ㅊ][ㅈ][ㅇ][ㄱ] 에 미치지 못하는 임금을 받고 있으면서도 회사에서 잘릴까 봐 말도 못했습니다. 이것은 엄연히 ㉡ [ㄱ][ㄹ][ㄱ][ㅈ][ㅂ] 위반 아닙니까. 부당한 폭력과 막말도 들었습니다. 이러한 ㉢ [ㅇ][ㄱ][ㅊ][ㅎ] 를 더 이상 견디지 못해 ㉣ [ㅈ][ㅈ] 을 냈습니다."

일자리를 잃을지도 모른다는 생각에 참았던 근로자들을 위해 고용노동부는 사안을 신속히 처리해야 합니다.

상	진	초	표	랑	용
가	현	정	타	최	라
코	김	살	마	저	명
인	권	침	해	임	하
정	호	가	당	금	보
다	근	로	기	준	법

정답 ㉠ _____ ㉡ _____

㉢ _____ ㉣ _____

여필종부(女必從夫)

아내는 반드시 남편을 따라야 한다는 뜻이에요. 과거 유교 문화권에서는 남성이 높고 여성이 낮다고 여겨 여성은 관직에 나아가지 못했어요.

여필종부를 거부한 조선시대 여성 위인, 신사임당과 허난설헌!

유교 공자가 시조인 도덕 사상. 나라에 대한 충성과 부모에 대한 효도를 중시한다.
허난설헌 조선 시대 여성 시인으로 《홍길동전》을 쓴 허균의 누나이다.

호주제

호주를 중심으로 가족 구성원들의 출생·혼인·사망 등의 신분 변동을 기록하는 제도예요. 2008년 1월 1일부터 폐지되었어요.

호주제가 폐지되었지만 아버지의 성을 따르는 등의 잔재가 여전히 남아 있다.

호주 한 집안의 주인으로 가족을 거느리며 부양할 권리와 의무가 있는 사람.
잔재 과거의 낡은 사고방식이나 생활 양식의 찌꺼기. 일제 잔재, 봉건주의 잔재 등으로 쓴다.

성차별

남성과 여성이라는 이유로 차별을 받는 것이에요. 성별 때문에 가정에서의 역할이나 회사에서의 보수가 차이가 나는 차별은 부당해요.

> 여성이 남성에 비해 고용 및 소득에서 성차별이 크다는 통계가 발표됐습니다.

부당 이치에 맞지 않고, 정당하지 않음.
고용 임금을 주고 사람을 부림.

성평등

남성과 여성이라는 성별에 상관없이 동등하게 대우받는 것이에요. 남녀평등이라고도 해요.

> 성평등 문화 정착을 위한 디자인 공모전에 응모하세요!

동등 같은 동(同), 같을 등(等) 자를 써서, 등급이나 정도가 같은 것을 말함.
정착 일정한 곳에 머물러 산다는 뜻. 새로운 문화 현상이나 학설 등이 당연한 것으로 받아들여질 때도 쓴다.

어휘력 체크

초성을 보고 문장에 들어갈 알맞은 단어를 써 보세요.

21세기에 ㉠ ㅇ ㅍ ㅈ ㅂ 가 웬 말?

다세대 주택에 사는 다양한 가족들의 모습을 그린 가족 드라마에서 가부장적인 가장의 모습은 시청자들이 눈살을 찌푸리게 합니다. 조선 시대에나 쓸 법한 말로 여성을 낮잡아 보는 표현은 ㉡ ㅅ ㅊ ㅂ 발언이라는 시청자 항의가 줄을 잇고 있습니다.

정답 ㉠ _____ ㉡ _____

뜻풀이를 보고 알맞은 단어를 써 보세요.

- 과거의 낡은 사고방식이나 생활 양식의 찌꺼기

  ㉠ ㅈ ㅈ

- 성별에 상관없이 동등하게 대우받는 것

  ㉡ ㅅ ㅍ ㄷ

- 임금을 주고 사람을 부림

  ㉢ ㄱ ㅇ

정답 ㉠ _____ ㉡ _____ ㉢ _____

재판

옳고 그름을 판단하는 것이에요. 구체적인 소송 사건이 생겼을 때 법원이나 법관이 법을 해석해 판단을 내리지요.

10년간 복역 후 재판에서 억울한 누명을 쓴 것이 판명!

복역 감옥에서 형기를 사는 것.
누명 '이름을 더럽히다'는 뜻으로 사실이 아닌 일로 억울하게 받는 평판. 누명을 쓰다, 누명을 벗다 등으로 쓴다.

판결

시비를 가려 판단해 결정하는 것이에요. 법원이 소송 사건에 대해 당사자나 피고인에게 선고하는 것이지요.

가짜 뉴스를 퍼뜨린 사람에게 1억 배상 판결!

선고 선언하여 알리는 것. 재판장이 판결을 알리는 것으로 선고를 하면 재판의 효력이 생긴다.
배상 남의 권리를 침해해 손해를 발생하게 한 사람이 손해를 물어 주는 일.

항소

제일심 판결에 대하여 불복하여 제이심 법원에 재판을 요청하는 것이에요. 우리나라에는 한 사건에 대해서 세 번 재판을 받을 수 있는 삼심 제도를 채택하고 있어요.

음주 운전을 한 피의자가 항소했으나 오히려 형량이 더 늘어났다.

불복 다른 사람의 명령이나 결정에 따르지 않음.
형량 죄인이 감옥에서 지내야 하는 기간.

배심원

일반 국민이 재판에 참여해 판단을 내리는 것이에요. 국민 참여 재판에서 판사는 배심원의 의견을 듣고 참고하여 판결을 내리지요. 배심원은 무작위 추첨하여 선정해요.

빗길 과속 운전으로 보행자 사망, 배심원의 만장일치로 유죄 판결!

무작위 일어날 수 있는 모든 일이 동등한 확률로 발생하게 하도록 하는 것.
만장일치 모든 사람의 의견이 동일함.

어휘력 체크

가로세로 뜻풀이를 보고 빈칸에 알맞은 단어를 써 보세요.

<가로>
법원이나 법관이 옳고 그름을 판단하는 것
<세로>
소송 사건의 시비를 가려 판단해 결정하는 것

<가로>
일반 국민이 재판에 참여해 판단을 내리는 것
<세로>
손해를 발생하게 한 사람이 손해를 물어 주는 일

문장에 들어갈 알맞은 단어를 골라 써 보세요.

| 판결 | 재판 | 항소 | 형량 |

피의자의 (㉠)이 너무 가볍다며 판사의 (㉡)에 불만을 가진 피해자는 1심 (㉢)이 끝나자마자 곧바로 (㉣)했습니다.

정답 ㉠   ㉡

㉢   ㉣

원고와 피고로 만난 이웃

핵심단어: 민사 재판, 원고, 피고, 일조권

민사 재판

개인들 사이에 분쟁이 생겨서 일어나는 재판이에요. 돈을 빌려주고 받지 못하거나 개인의 권리를 침해받았을 때 법원에 소장을 제출하면서 시작돼요.

> 주민 10여 명의 곗돈을 사기친 계주가 붙잡혀 민사 재판으로 실형을 살게 되었습니다.

소장 소송을 제기하기 위하여 법원에 제출하는 서류.
곗돈 여러 사람이 함께 돈을 거두어 서로 돕는 조직을 계라고 한다. 정해진 날짜에 계에 내는 돈을 곗돈이라고 하고, 계를 관리하는 사람을 계주라고 한다.
실형 법원의 선고를 받아 실제로 집행된 형벌.

원고

민사 재판에서 소송을 제기한 사람이에요. 개인 간의 문제를 법으로 결정해 달라고 요구하는 쪽이지요.

> 거짓 기사로 피해를 입었다며 명예 훼손 소송을 제기한 연예인의 실체가 드러나면서 재판에서 원고 패소!

명예 훼손 다른 사람의 이름, 인격, 사회적 평가에 해를 끼쳐 손해를 입히는 것.
패소 소송에서 짐.

피고

민사 재판에서 소송을 당한 사람이에요. 원고와 피고는 모두 변호사를 선임할 수 있어요.

> 존경하는 재판장님, 악의적으로 거짓 뉴스를 퍼뜨린 피고를 엄벌에 처해 주시기 바랍니다.

변호사 원고나 피고의 변론을 맡아서 하는 사람.
선임 어떤 업무나 직무를 맡음.
엄벌 엄하게 주는 벌.

일조권

햇빛을 확보할 수 있는 권리예요. 인접한 건물 때문에 자신의 집에 햇빛이 들지 않아 정신적, 물질적으로 피해를 입었다면 보상을 청구할 수 있어요.

> 아파트 주민들의 일조권 침해 항의에 주상복합 빌딩 건설 무산!

주상복합 주거 공간과 상업 공간이 한데 있는 건물.
무산 안개 무(霧)에 흩어질 산(散) 자를 써서, 안개가 걷히듯 흩어져 없어지는 것을 말한다.

어휘력 체크

표시한 설명에 맞는 단어를 음절 구슬에서 찾아 빈칸에 써 보세요.

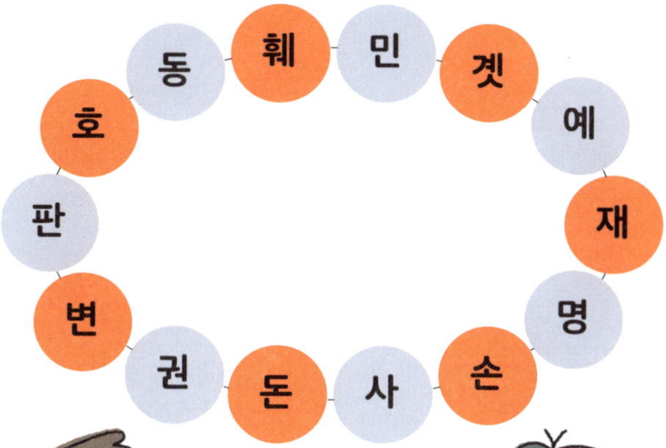

엄마는 계에 내는 돈을 타면 작은 오토바이를 사겠대.

㉠ ☐☐

계주가 돈을 떼먹고 개인들 사이에 분쟁이 생겨서 재판으로 가는 경우도 많대.

㉡ ☐☐☐☐

우리 삼촌이 원고나 피고의 변론을 맡아서 하는 사람이니까 문제가 생기면 얘기해.

㉢ ☐☐☐

나의 사회적 평가에 해를 끼쳐 손해를 입히는 원우는 어디다 소송을 제기해야 하냥?

㉣ ☐☐☐☐

역사 왜곡을 바로잡자!

영유권

한 나라가 일정한 영토에 대해 관할하는 권리를 말해요. 전 세계에는 영유권을 놓고 갈등을 빚고 있는 나라가 많아요.

일본은 독도와 센카쿠 열도에 대해 서로 상반된 영유권 주장을 하고 있습니다.

관할 권한을 가지고 관리하고 통제함.
센카쿠 열도 중국과 일본 사이에 있는 지역. 센카쿠 열도(댜오위다오)는 일본과 중국이 서로 영유권을 주장하는 분쟁 지역이다.

동북 공정

중국이 중국 동북 지역에 대해서 연구하는 프로젝트를 말해요. 중국은 동북 지방에 있었던 고조선, 고구려, 발해의 역사를 중국의 역사라고 주장하고 있어요.

김치와 한복의 원조가 중국이라는 주장 역시 동북 공정이라고!

발해 대조영이 동모산을 도읍으로 삼아 세운 나라. 동모산은 중국의 지린성 옌볜 조선족 자치주에 있던 것으로 추정된다.
원조 최초 시작으로 인정되는 사물이나 물건 혹은 어떤 일을 처음 시작한 사람.

역사 왜곡

과거의 역사를 자신들에게 유리하게 후세에 거짓으로 다시 지어 쓰는 것을 말해요. 역사 왜곡에 대처하기 위해서는 역사를 바로 아는 것이 중요해요.

> 드라마 첫 방영 이후 역사 왜곡 규탄의 목소리가 커지고 있습니다!

대처 어떤 사건이나 일에 대하여 알맞은 조치를 취함.
규탄 옳지 않거나 잘못된 일을 따져서 나무람.

외교 정책

자기 나라의 정치적 목적이나 이익을 위하여 다른 나라에 대해 수립하는 정책을 말해요. 국내 상황이나 다른 나라와의 관계를 고려해 신중하게 결정해야 해요.

> 새 정부 출범 이후 안보를 위한 적극적인 외교 정책을 펴고 있습니다.

출범 '배가 항구를 떠나다'는 뜻으로, 새로운 단체가 조직되어 시작되는 것을 말한다.
안보 '안전 보장'의 줄임말로, 다른 나라의 위협이나 침략으로부터 나라와 국민을 지키는 일을 말한다.

어휘력 체크

문장에 들어갈 알맞은 단어를 골라 써 보세요.

규탄   안보   동북 공정   역사 왜곡   영유권

국가 (㉠)를 위해 우호적인 관계를 맺고 있던 일본과의 관계가 독도 (㉡) 문제로 급격하게 식고 있습니다. 중국의 (㉢)을 비롯해 (㉣)이 심각한 상황입니다. 국민들의 (㉤) 시위가 전국적으로 벌어지고 있습니다.

정답 ㉠ _____   ㉡ _____   ㉢ _____
     ㉣ _____   ㉤ _____

문장을 완성하는 알맞은 단어에 동그라미 하고 써 보세요.

• 영유권은 한 나라가 일정한 영토에 대해
  ㉠ 관할하는, 방관하는 권리를 말해요.
• 중국은 동북 공정을 펴며 고조선, 고구려, 발해의 역사가
  ㉡ 중국, 한국 역사라고 주장하고 있어요.

정답 ㉠ _____   ㉡ _____

헌법 재판소

헌법에 관한 분쟁을 다루는 재판소예요. 헌법 재판소는 헌법이 어긋나지 않았는지 판단하고, 대통령이나 장관의 파면을 요구할 때 심판하는 역할을 해요.

> 헌법 재판소에서 재판정 출석 대신 인터넷 화상으로 영상 재판 실시.

파면 잘못을 저지른 사람에게 직무를 그만두게 함.
재판정 재판이 벌어지고 판결을 하는 곳. 법정이라고도 한다.

재판관

법원에 소속되어서 재판 일을 담당하는 사람이에요. 헌법 재판소는 대통령, 국회, 대법원장이 지명한 9명의 재판관으로 구성되어 있어요.

> 헌법 재판소 40대 여성 재판관 임명은 파격적인 인사입니다!

파격적 일정한 격식을 깨뜨린다는 뜻. 파격적 대우, 파격적 조건 등으로 쓴다.
인사 관리나 직원을 임용하거나 해임, 평가하는 등의 행정적인 일.

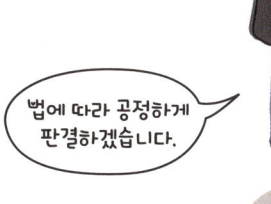

법에 따라 공정하게 판결하겠습니다.

탄핵

대통령 등 고위 공무원이 헌법에 위반되는 일을 저질렀을 때 국회는 탄핵 소추를 할 수 있어요. 과반의 동의를 얻으면 헌법 재판소에서 판단하여 판결을 내리지요.

> 감염병 확산으로 위기에 빠진 브라질에서는 대통령 **탄핵** 목소리가 높아지고 있습니다.

소추 형사 사건에 대하여 재판을 요구하거나 탄핵을 요구하는 것.
과반 절반이 넘음.

국무총리

대통령을 돕고 대통령의 명을 받아 행정 각 부서를 지휘하고 조정하는 일을 하는 사람이에요. 대통령이 국회의 동의를 받아 국무총리를 임명해요.

> 대권 도전을 위해 **국무총리**를 사임한 나잘나 전 국무총리의 지지율 급속 하락!

대권 최고 통치권자인 국가 원수가 국토와 국민을 통치하는 헌법상의 권한. 대권에 도전하다, 대권을 잡다 등으로 쓴다.
사임 맡고 있던 자리에서 스스로 물러남.

어휘력 체크

기사를 읽고 빈칸에 들어갈 알맞은 단어를 음절 상자에서 찾아 묶고 써 보세요.

용기 있게 용기 내세요

'용기 내 캠페인'이란 음식 포장에 무분별하게 사용되는 일회용품을 줄이고자, 가정 내 다회용 용기를 이용하자는 캠페인입니다. 한편에서는 근본적인 해결책이 아니라 사정에 따라 둘러맞춘 ㉠ ㅇ ㅅ ㅂ ㅍ 일 뿐이라는 시각도 있습니다. 하지만 변화는 사소한 노력들이 모여 만들어집니다. 잠깐의 편리함을 위해 사용한 일회용품은 환경 오염과 기후 위기라는 큰 재앙으로 인류에게 돌아올 것입니다. 작은 것을 탐하다 큰 것을 잃게 된다는 ㉡ ㅅ ㅌ ㄷ ㅅ 을 되새겨야 할 때입니다.

시	짓	알	실	고	롬
식	초	대	계	가	떼
책	탐	지	다	임	좋
소	치	주	콜	시	하
시	짐	새	미	방	를
사	소	한	계	편	핀

정답 ㉠ _____ ㉡ _____

콧등이 시큰

책 제목	《제인 에어》

《제인 에어》를 읽는 내내 내가 주인공이 된 듯했다.

혈혈단신 살아가는 제인이 안쓰러웠고 학대하는 외숙모에게

화가 났다. 결혼식 날 사랑하는 남자가 이미 결혼을 한 적이 있다는 걸

알게 됐을 땐 나도 제인처럼 피가 마르는 것 같았고, 나중에 다시

만나는 장면에서는 기쁨과 감동이 밀려와 콧등이 시큰해졌다.

이 작품이 쓰인 시대에는 여성들의 삶이 자유롭지 못했다고 하니

당시의 여성들은 제인에게 동병상련을 느꼈을 것 같다.

《제인 에어》는 이제부터 보물 1호 책이다.

 핵심단어   혈혈단신   피가 마르다   콧등이 시큰하다   동병상련

혈혈단신(孑孑單身)

의지할 곳 없이 외로운 홀몸을 뜻해요. 혈혈(孑孑)은 외롭게 서 있는 모양을 뜻하고 단신(單身)은 홀몸이라는 뜻이에요. 가족이나 친척 하나 없이 홀로 외로이 살아가는 사람을 표현하는 말이에요.

> 할머니는 전쟁 때 가족을 잃고 혈혈단신 월남하셨대요.

홀몸 부모나 형제, 배우자가 없이 혼자인 사람.
월남하다 삼팔선이나 휴전선 이남으로 넘어가다. 남쪽으로 넘어가다.

피가 마르다

걱정이나 분노 등이 절정에 이르러 몹시 괴롭거나 애가 탐을 뜻해요. 온몸의 피가 말라 가는 것처럼 고통스럽고 걱정된다는 뜻이에요.

> 영숙이는 피가 마르는 심정으로 합격자 발표를 기다렸다.

절정 최고에 달한 상태나 경지.
애가 타다 몹시 답답하고 안타깝고 걱정되다.

'피'가 들어가는 표현

피도 눈물도 없다(인정머리가 조금도 없다), 피가 거꾸로 솟다(몹시 흥분하다), 피가 뜨겁다(의지가 강하고 매우 정열적이다), 피가 되고 살이 되다(큰 도움이 되다), 피를 흘리다(싸우거나 하여 사상자를 내다).

콧등이 시큰하다

어떤 일에 감격하거나 슬퍼서 눈물이 나오려 하는 것을 뜻해요. 콧등은 코의 등성이를 말하고, 시큰하다는 조금 시리고 쑤신 느낌이 있다는 뜻이에요.

이산가족 상봉 장면을 보고 있으니 콧등이 시큰해진다.

감격하다 마음속 깊이 뭉클한 감정을 느끼다.
상봉 헤어졌던 사람들이 다시 만남.

동병상련(同病相憐)

같은 병을 앓는 사람끼리 서로 가엾게 여긴다는 뜻이에요. 어려운 처지에 있는 사람끼리 서로 동정하고 돕는 것을 뜻해요.

시험에 떨어진 사람들은 동병상련의 마음으로 서로를 위로했다.

동정하다 불쌍하게 여기는 마음을 갖다.
위로하다 따뜻한 말과 행동으로 괴로움을 덜어 주거나 슬픔을 달래 주다.

어휘력 체크

뜻풀이에 알맞은 단어를 음절 상자에서 찾아 묶고 써 보세요.

각	위	민	국	당
철	반	가	제	설
시	국	내	법	폭
내	효	용	현	행
형	사	재	판	천

㉠ 국가 간의 권리와 의무에 대하여 규정한 법

㉡ 어떤 사실 상태가 일정한 기간 동안 계속되는 일

㉢ 현재 행하여지고 있는 것

㉣ 법률이나 명령 따위를 지키지 않고 어긴 것

㉤ 나라의 주권이 미치는 범위 안에서 효력을 가지는 법

㉥ 절도, 폭행 등 형사 사건에 관한 재판

정상 회담

각 나라의 우두머리가 모여서 하는 회담이에요. 나라끼리 중요한 협의 사항이 있을 때 정상 회담을 가지지요.

> **판문점** 남북 **정상 회담**을 앞두고 북한에서는 <u>풍산개</u> 한 쌍을 선물로 보냈습니다.

판문점 비무장 지대인 경기도 파주시 군사 분계선 위에 있는 마을. 정전 협정이 체결된 곳이다.
풍산개 함경남도 풍산 지역에서 길러지던 북한 고유의 사냥개.

총리

의원 내각제에서 나라의 행정부를 <u>총괄</u>하는 우두머리예요. 다른 말로 수상이라고도 해요.

> 2005년 <u>취임</u>한 독일의 메르켈 **총리**는 최연소, 최장 재임 총리로 기록되고 있다.

총괄 개별적인 모든 것을 한데 묶어서 관리함.
취임 새롭게 맡은 일을 하기 위해 처음으로 나아감.

의원 내각제

국민의 선거로 의회의 의원을 선출하면 다수를 차지한 정당의 대표가 총리가 되어 내각을 구성하는 정부 형태예요. 의원 내각제 나라로는 영국, 독일 등이 있어요.

> **의원 내각제**는 다수당의 횡포를 막기 어렵다는 단점이 있습니다.

내각 총리와 각원으로 구성되며 국가의 행정권을 담당하는 최고 합의 기관.
횡포 제멋대로 매우 난폭하게 구는 것.

대통령제

국민이 선거로 의회의 의원과 대통령을 선출하는 정부 형태예요. 의회와 행정부가 엄격하게 구분되어 있어요. 우리나라와 미국은 대통령제 나라예요.

> 다고쳐 교수는 **대통령제**의 폐단을 개선하기 위해 개헌을 주장하고 있습니다.

폐단 어떤 일이나 행동에서 옳지 않은 현상. 폐단을 막다, 폐단을 없애다 등으로 쓰인다.
개헌 헌법을 고침.

어휘력 체크

뜻풀이에 알맞은 단어를 골라 써 보세요.

의원 내각제   개헌   취임   대통령제

㉠ 헌법을 고침

㉡ 국민이 선거로 의회의 의원과 대통령을 선출하는 정부 형태

㉢ 총리가 내각을 구성하는 정부 형태

㉣ 새롭게 맡은 일을 하기 위해 처음으로 나아감

초성을 보고 문장에 들어갈 알맞은 단어를 써 보세요.

미국 대통령과 영국 ㉠ ㅊ ㄹ 의 ㉡ ㅈ ㅅ ㅎ ㄷ 결국 불발

미국 대통령 ㉢ ㅊ ㅇ 이후 첫 ㉡ ㅈ ㅅ ㅎ ㄷ 으로 기대를 모았지만 결국 불발되고 다음을 기약하게 되었습니다.

정답 ㉠_____ ㉡_____ ㉢_____

천부 인권 사상

모든 인간이 존엄성을 유지하기 위해 보장받아야 하는 권리를 인권이라고 해요. 인권은 하늘에서 받은 것으로 모든 인간은 평등하다는 것이 천부 인권 사상이에요.

계몽주의자들은 인간은 모두 타인에게 침해받지 않을 권리가 있다는 천부 인권 사상을 주장했습니다.

계몽주의 16~18세기에 유럽에서 일어난 혁신적 사상. 교회의 권위와 특권에 반대하며 인간 이성을 깨우쳐야 한다고 주장했다.

시민 혁명

시민이 중심이 되어 봉건 제도를 타파하고 민주주의를 바탕으로 하여 근대 국가로 나아가게 한 혁명이에요. 영국의 명예혁명, 프랑스 혁명이 대표적이에요.

시민 혁명은 부르주아 혁명이라고도 부릅니다.

봉건 제도 왕과 귀족, 교회 따위의 영주와 그 지배를 받는 농노가 주종 관계로 이루어진 제도.
타파 부정적인 관습이나 제도 등을 깨뜨림.
부르주아 중세 유럽에서 중산 계급의 시민.

참정권

국민이 나라의 정치에 직접 또는 간접적으로 참여할 수 있는 권리를 말해요. 선거를 하거나 정치 운동을 하는 것 등이에요.

> 정치 활동을 하면 퇴학? 청소년 참정권을 막는 교칙 전면 수정!

퇴학 다니던 학교를 그만두게 됨.
교칙 학교에서 정한 규칙으로, 학생들은 교칙을 따라야 한다.

민주주의

개인의 자유와 평등을 중시하며 다수의 국민이 권력을 직접 행사하는 정치 형태예요. 인권, 자유권, 평등권, 다수결의 원칙, 법치주의 등을 기본 원리로 하지요.

> 4·19 혁명은 독재 정치를 반대하며 국민들이 항거한 민주주의 시민 혁명이다.

다수결의 원칙 어떤 결정을 내릴 때 다수의 의견을 따르는 것.
항거 순종하지 않고 나서서 맞섬.

어휘력 체크

표시한 설명에 맞는 단어를 음절 구슬에서 찾아 빈칸에 써 보세요.

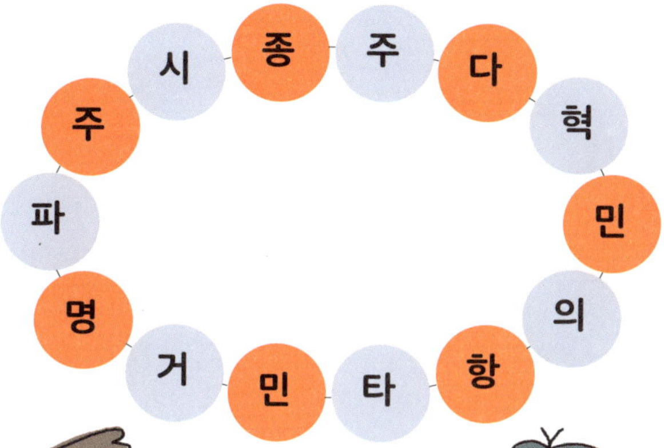

시 종 주 다
주 　 　 　 혁
파 　 　 　 민
명 　 　 　 의
　 거 민 타 항

우리나라는 **개인의 자유와 평등을 중시하며 다수의 국민이 권력을 직접 행사하는 나라**잖아.

㉠ ☐ ☐ ☐ ☐

시민이 중심이 되어 봉건 제도를 타파한 **혁명** 덕분이지.

㉡ ☐ ☐ ☐ ☐

만약 급식을 채식으로 바꾸면 **순종하지 않고 나서서 맞설** 거야!

㉢ ☐ ☐

하루 한 번만 간식을 주다니! 이런 부정적인 **관습이나 제도도 깨뜨려야** 한다냥!

㉣ ☐ ☐

203

어휘력 체크 해답

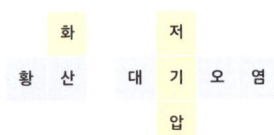

15쪽
㉠ 백두대간 ㉡ 도심 ㉢ 해양심층수
㉣ 미네랄

19쪽
㉠ 유수지 ㉡ 홍수 ㉢ 랜드마크 ㉣ 집중 호우

23쪽
㉠ 나포 ㉡ 표류 ㉢ 영해
㉣ 광개토 대왕

27쪽 위

	화		저		
황	산		대	기	오	염
			압			

27쪽 아래
㉠ 화산 ㉡ 용암 ㉢ 절리

31쪽
㉠ 사바나 ㉡ 멸종 ㉢ 밀렵 ㉣ 초특가

35쪽
㉠ 구호물자 ㉡ 난민 ㉢ 성비 불균형

39쪽 위
㉠ 지구 온난화 ㉡ 한대 기후 ㉢ 툰드라

39쪽 아래
㉠ 연안 ㉡ 염장 ㉢ 유목

43쪽

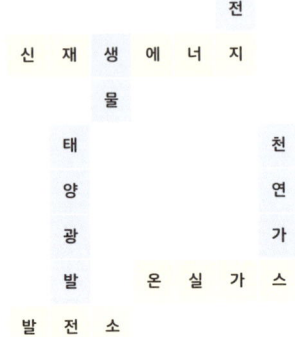

47쪽 위
㉠ 수도권 ㉡ 위성 도시

47쪽 아래
㉠ 인구 공동화 ㉡ 인구 이동 ㉢ 귀촌
㉣ 주택난

51쪽 위
㉠ 백야 현상 ㉡ 극야 현상

51쪽 아래
㉠ 풍화 ㉡ 침식

55쪽
㉠ 황사 ㉡ 사막화 ㉢ 내비게이션

59쪽
㉠ 경선 ㉡ 동경 ㉢ 본초 자오선
㉣ 시차 ㉤ 경도 ㉥ 천문대

63쪽 위
㉠ 지중해성 ㉡ 건조

63쪽 아래
㉠ 수목 농업 ㉡ 오아시스 ㉢ 다년생
㉣ 연교차

2장 경제

69쪽 위

69쪽 아래
㉠ 대출 ㉡ 흑자 ㉢ 도박 ㉣ 사채 ㉤ 파산
㉥ 신용

73쪽
㉠ 자산 관리 ㉡ 시장 ㉢ 도매 ㉣ 물가
㉤ 소비 심리

77쪽
㉠ 공급 ㉡ 수요 ㉢ 독점 ㉣ 원활 ㉤ 갱신
㉥ 매진

81쪽 위
㉠ 가격 ㉡ 환율

81쪽 아래
㉠ 올라가면 ㉡ 높으면 ㉢ 올랐다

85쪽 위

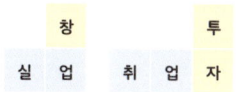

85쪽 아래
㉠ 경기 ㉡ 취업자 ㉢ 투자

89쪽
㉠ 근절 ㉡ 횡령 ㉢ 소득 ㉣ 고위

93쪽 위
㉠ 인플레이션 ㉡ 극심

93쪽 아래
㉠ 환율 ㉡ 환전

97쪽

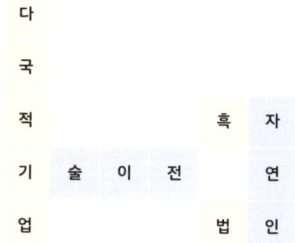

101쪽
㉠ 국내 총생산 ㉡ 한국은행 ㉢ 기준 금리
㉣ 인플레이션 ㉤ 재정 정책 ㉥ 동결

105쪽 위
㉠ 공정 무역 ㉡ 공정 여행

105쪽 아래
㉠ 떨어지는 ㉡ 부족한 ㉢ 저개발 국가

3장 사회와 문화

111쪽
㉠ 국제결혼 ㉡ 차별 ㉢ 혐오 ㉣ 편견

115쪽
㉠ 온실 효과 ㉡ 비영리 ㉢ 비정부 기구
㉣ 온대 기후 ㉤ 주범 ㉥ 대류권

119쪽 위
㉠ 정보화 ㉡ 자유주의 ㉢ 세계화 ㉣ 파업

119쪽 아래
㉠ 자유 ㉡ 중단 ㉢ 국경

123쪽 위
㉠ 이산가족 ㉡ 비무장 지대

123쪽 아래
㉠ 국방비 ㉡ 비무장 지대 ㉢ 통일 비용

128쪽 위
㉠ 문화 사대주의 ㉡ 야만 ㉢ 문화권

128쪽 아래
㉠ 미개 ㉡ 문화인

133쪽 위

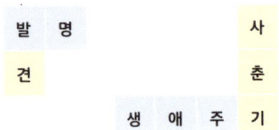

133쪽 아래
㉠ 질풍노도 ㉡ 정체성

137쪽

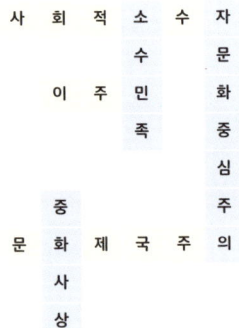

141쪽 위
㉠ 오리엔탈리즘 ㉡ 대중 매체 ㉢ 만연
㉣ 역기능

141쪽 아래
㉠ 향상 ㉡ 획일화

145쪽 위
㉠ 기아 ㉡ 국경 없는 의사회 ㉢ 노벨 평화상

145쪽 아래
㉠ 노벨 평화상 ㉡ 기아 ㉢ 내전

149쪽 위
㉠ 사회적 지위 ㉡ 명예 살인
㉢ 인간의 존엄성

149쪽 아래
㉠ 해시태그 ㉡ 사회적 지위 ㉢ 존엄성

153쪽 위
㉠ 저출산 ㉡ 고령화 ㉢ 비혼

153쪽 아래
㉠ 인간 소외 ㉡ 인구 부양력

157쪽 위

산	업	혁	명		노	동	문	제
	업					사		
	화							

157쪽 아래
㉠ 자발적 ㉡ 보호

4장 정치와 법

163쪽
㉠ 박탈 ㉡ 새내기 ㉢ 권력 ㉣ 유권자
㉤ 민주 선거 ㉥ 애석

167쪽 위
㉠ 국제 사회 ㉡ 대사관 ㉢ 대통령
㉣ 국제기구

167쪽 아래
㉠ 언론 ㉡ 신상

171쪽
㉠ 최저 임금 ㉡ 근로 기준법 ㉢ 인권 침해
㉣ 진정

175쪽 위
㉠ 여필종부 ㉡ 성차별

175쪽 아래
㉠ 잔재 ㉡ 성평등 ㉢ 고용

179쪽 위

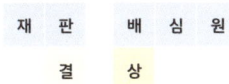

179쪽 아래
㉠ 형량 ㉡ 판결 ㉢ 재판 ㉣ 항소

183쪽
㉠ 곗돈 ㉡ 민사 재판 ㉢ 변호사 ㉣ 명예 훼손

187쪽 위
㉠ 안보 ㉡ 영유권 ㉢ 동북 공정 ㉣ 역사 왜곡
㉤ 규탄

187쪽 아래
㉠ 관할하는 ㉡ 중국

191쪽 위
㉠ 파면 ㉡ 재판관 ㉢ 국무총리
㉣ 헌법 재판소

191쪽 아래
㉠ 재판관 ㉡ 대권

195쪽
㉠ 국제법 ㉡ 시효 ㉢ 현행 ㉣ 위반 ㉤ 국내법
㉥ 형사 재판

199쪽 위
㉠ 개헌 ㉡ 대통령제 ㉢ 의원 내각제 ㉣ 취임

199쪽 아래
㉠ 총리 ㉡ 정상 회담 ㉢ 취임

203쪽
㉠ 민주주의 ㉡ 시민 혁명 ㉢ 항거
㉣ 타파

핵심 콕! 사회 교과서 어휘

초판 1쇄 발행 2022년 2월 7일 | **2쇄 발행** 2025년 4월 1일

지은이 오홍선이 | **그린이** 김윤정

펴낸이 윤상열 | **기획편집** 서영옥 최은영 | **디자인** 온마이페이퍼
마케팅 윤선미 | **경영관리** 김미홍
펴낸곳 도서출판 그린북 | **출판등록** 1995년 1월 4일(제10-1086호)
주소 서울시 마포구 방울내로11길 23 두영빌딩 3층
전화 02-323-8030~1 | **팩스** 02-323-8797 | **블로그** blog.naver.com/gbook01 | **이메일** gbook01@naver.com
ISBN 978-89-5588-403-6 74700
   978-89-5588-401-2 (세트)

© 오홍선이, 김윤정 2022
이 책의 전부 또는 일부를 이용하려면 저작권자와 그린북의 서면 동의를 받아야 합니다.

어린이제품안전특별법에 의한 표시
품명 어린이 도서 **제조국** 대한민국 **사용연령** 8세 이상 **주의사항** 책 모서리에 다치지 않도록 주의하세요